英语翻译教学的理论与应用

黎庆园 ◎ 著

吉林出版集团股份有限公司

版权所有　侵权必究

图书在版编目（CIP）数据

英语翻译教学的理论与应用 / 黎庆园著. — 长春：吉林出版集团股份有限公司，2023.7
ISBN 978-7-5731-3798-2

Ⅰ. ①英… Ⅱ. ①黎… Ⅲ. ①英语—翻译—教学研究 Ⅳ. ①H315.9

中国国家版本馆CIP数据核字（2023）第116890号

英语翻译教学的理论与应用
YINGYU FANYI JIAOXUE DE LILUN YU YINGYONG

著　　者	黎庆园
出版策划	崔文辉
责任编辑	刘虹伯
封面设计	文　一
出　　版	吉林出版集团股份有限公司
	（长春市福祉大路5788号，邮政编码：130118）
发　　行	吉林出版集团译文图书经营有限公司
	（http://shop34896900.taobao.com）
电　　话	总编办：0431-81629909　营销部：0431-81629880/81629900
印　　刷	廊坊市广阳区九洲印刷厂
开　　本	787mm×1092mm　1/16
字　　数	242千字
印　　张	11.5
版　　次	2023年7月第1版
印　　次	2024年1月第1次印刷
书　　号	ISBN 978-7-5731-3798-2
定　　价	78.00元

如发现印装质量问题，影响阅读，请与印刷厂联系调换。电话：0316-2803040

前　言

翻译是大学英语教学中不可或缺的一门课程，不管是课堂教学还是日常交流，翻译似乎无处不在。在当今这个快速发展的全球化时代，翻译教学更是面临着新的挑战。

鉴于此，笔者撰写了本书。本书针对大学英语翻译教学中出现的问题，尝试总结出大学英语翻译理论与教学工作的创新路径，这给探索和引导大学英语翻译工作提供了正确的途径和方法，对进一步加强大学英语翻译教学研究具有重要的理论和现实意义。

本书共有六章：第一章概述了英语翻译的基本内容，第二章论述了英语教学翻译的技巧和方法，第三章阐述了英语翻译的理论与实践研究，第四章对英语翻译的实践应用做出了详解，第五章探讨了大学英语翻译教学的创新模式，第六章从多媒体视角下对大学英语翻译教学进行了研究。

本书有两大特点值得一提：

第一，本书结构严谨，逻辑性强，为大学英语翻译工作的研究为主线，对当代大学英语翻译理论与实践工作进行了探索。

第二，本书理论与实践紧密结合，为大学英语翻译教学工作提供了提升路径和方法，以便学习者加深对基本理论的理解。

笔者在撰写本书的过程中，借鉴了许多前人的研究成果，在此表示衷心的感谢！

由于大学英语翻译教学工作涉及的范畴比较广，需要探索的层面比较深，笔者在撰写过程中难免会存在一定的不足，对一些相关问题的研究不透彻，提出的大学英语翻译教学工作的提升路径也有一定的局限性，恳请各位前辈、同行以及广大读者斧正。

目 录

第一章 英语翻译概述 1
第一节 英语翻译教学的理念与目标 1
第二节 英语翻译教学的模式与原则 5
第三节 英语翻译的主要方法 8
第四节 英语翻译的文化因素 10
第五节 文化差异与英语翻译 11
第六节 功能翻译理论下的英语翻译 15
第七节 功能对等视域下的英语翻译 18
第八节 目的论视角下的英语翻译 21
第九节 英语翻译中的直译 24

第二章 英语翻译教学的技巧和方法 28
第一节 词汇层面上的翻译技巧和方法 28
第二节 句子层面上的翻译技巧和方法 43
第三节 数、量词与倍数层面上的翻译技巧和方法 52

第三章 英语翻译的理论与实践研究 70
第一节 英语翻译实践中的母语负迁移 70
第二节 英语翻译专业实践教学模式 72
第三节 科技英语翻译理论和实践的关系 74
第四节 英语习语的翻译理论和实践研究 78
第五节 审计英语的要求与翻译实践 81
第六节 典籍翻译理论与英语教学实践 85

第七节　文化建构与文化欠缺对英语翻译实践的影响……………… 89

第四章　英语翻译的实践应用……………………………………… 91

第一节　交际翻译理论在商务英语翻译中的应用………………… 91

第二节　翻译策略在大学英语四级考试段落翻译中的应用……… 94

第三节　翻译文化传播中的互文翻译观及其应用………………… 96

第四节　商务英语中虚拟语气的翻译及应用……………………… 97

第五节　暗喻在英语广告及翻译中的应用………………………… 102

第六节　汉英对比在大学英语写作和翻译教学中的应用………… 105

第七节　大学英语翻译教学中语境理论的应用…………………… 109

第八节　建构主义理论在大学英语翻译教学中的应用…………… 111

第九节　微课在大学英语翻译教学中的应用……………………… 114

第十节　翻转课堂在大学英语翻译教学中的应用………………… 118

第十一节　讲理式教学法在英语翻译实践中的应用……………… 122

第五章　大学英语翻译教学的创新模式…………………………… 125

第一节　数字化时代英语翻译教学新模式………………………… 125

第二节　"交互式"英语翻译教学模式建构……………………… 127

第三节　"互联网+"环境的大学英语翻译教学模式…………… 130

第四节　合作学习理论下的大学英语翻译教学模式……………… 133

第五节　基于语料库的大学英语翻译教学模式…………………… 136

第六节　基于认知语言学的英语翻译教学模式…………………… 139

第七节　基于双语平行语料库的商务英语翻译教学模式………… 141

第八节　多模态理论下的大学英语翻译教学模式………………… 147

第六章　多媒体视角下大学英语翻译教学………………………… 152

第一节　多媒体环境下大学英语翻译课堂教学…………………… 152

第二节　网络环境下大学英语翻译"零课时"教学……………… 154

第三节　大学英语翻译教学中的 CAI 应用及其保障机制 ……………157

第四节　多媒体环境下高校英语翻译专业语法课程建设……………161

第五节　多媒体网络平台下英语本科翻译教学 ………………………166

第六节　基于语料库和多媒体计算机技术的中医翻译………………170

参考文献………………………………………………………………174

第一章 英语翻译概述

第一节 英语翻译教学的理念与目标

一、英语翻译教学的理念

英语翻译教学的目的是使学生掌握必要的翻译知识，初步习得翻译技能，其理念大致包含以下几点：

（一）翻译教学的先导

翻译课程的先导是翻译理论，理论的意义在于它对课程的指导作用，就目前的理论而言，不仅学派众多，而且理论繁杂。如果把不同学派的理论观点和相关内容全都搬进翻译理论中，不仅使人感到空泛，也不具备条理性和科学性。很多翻译理论都是传统的理论，一些来自宗教和文学，相对来说比较缺乏实用性。据有关数据统计，大部分的翻译理论只适用于占每年翻译工作大概4%的文学翻译，而占了超过90%的实用翻译则在理论层面很少被谈到。这种理论与实践上的不平衡使得很多人都觉得翻译理论没有实用价值。

相比而言，翻译功能目的论是比较切合实用翻译的。该理论认为，决定翻译过程的不是原本本身或原本对接受者产生的影响或反映，亦非作者赋予原本的功能（等值或等效论如此认为），而是译本的预期目的与功能。实用文体翻译一般都有现实的甚至功利的目的。这种目的在很大程度上受翻译委托人、译本接受者及其文化背景和情境的制约。目的和功能是实用文体翻译的依据，而功能目的论的理论核心也在于目的和功能两相印证，理论和实践很好地结合。实际上，学校开设翻译课就是为了让学生在实际中能够运用，而在实践中也能够看到，学生选择这门课很大程度上就是出于今

后实际工作而考虑。所以，假如运用翻译的功能目的论指导学生的翻译课程将有利于调动学生学习的创造性和积极性。[a]

（二）翻译教学的基础

语言的对比是翻译教学的基础，大家在学英语的过程中都有这样的体会，一旦脱离说英语的环境，我们总是本能地说汉语，这一点对初学者来说更加明显。然而当我们有了一定的词汇量时，我们就会愿意说英语，但是在这个过程中，我们会把英汉进行比较，也就是说当我们有些短语不知该怎么翻译时，就会用中文的思维方式去翻译。比如，20世纪30年代有人把"the Milky Way"硬译成"牛奶路"已成为翻译史上的趣谈。学生把"他的英语水平比我高"译成"The level of this English is higher than me"。这种不知所云的汉语和汉化的英语就是由于不了解英汉两种语言思维上的差异，生搬硬套造成的结果。在两种语言的转换过程中，译文是对比或比附的产物。翻译课的目的是把不自觉的错误对比转化为有指导的对比，从而深入认识两种不同语言之间的异同。

语言对比的重点在于异中有同以及各有不同这两个方面。各不相同之处有很多，重要的如词序的不同、信息重心安排的不同和连接方式的不同等。然而异中也有同，在英、汉语中均有介词，有时用法也是相同的。但是汉语介词多数从动词变化而来，有的到现在还难以确定它是动词还是介词。而英语的动词和介词截然不同。由于这一区别，英语介词在汉语中往往要用动词来翻译。例如：to go by bus（坐公交车去）；a girl in white（穿白衣服的女孩）。诚然，异也不是绝对的异。通过大量的同中有异、异中有同的对比，可克服母语干扰，从而达到正确理解和通顺表达的目的。

（三）翻译教学的主干

翻译技巧是翻译教学的主干。掌握翻译理论和语言对比的规律只是从科学的角度帮助译者了解翻译的实质与原则，开启正确的、完善的翻译思路，而要真正搞好翻译，还需要勤学苦练、潜心实践；另外，还要注意翻译的方法，讲究翻译技巧。翻译课是以继承和传授前人已经总结出来的宝贵经验为其主要内容的，这些经验包括理解和表达两个方面，反映在翻译的方法与技巧上。例如，从句子形态上看，汉语由于修饰语、定语在前，结构重心经常提前，而英语句子的结构重心经常放在句末，把较长、较复杂的成分放在后面，因此翻译上常需调整词序。[b]

---

[a] 司显柱，曾剑平. 英汉互译教程 [M]. 北京：北京大学出版社，2011.

[b] 程晓堂，郑敏. 英语学习与翻译策略 [M]. 北京：外语教学与研究出版社，2012.

（四）翻译教学的手段

翻译教学是以分析综合为手段的。在翻译中会发现，对于同一个句子可以有多种翻译，语法结构都没有错误，可是肯定会有一个是最佳的。要想翻译得精准，不仅要求译者头脑通达、清晰、锐利，还要有深厚的文字功底。这样翻译出来的句子或文章才会思路完善透彻，语言简洁、清新、优美。

在翻译的过程中，我们要充分运用综合与分析两种手段，既从总体及其系统要素关系上，连点成线，集线成面，集面成体，又对各个层面进行动态或静态的分析细察，透过现象从本质上去观察事物的本来面目。在表达过程中，同样有分析与综合两个方面，分析是手段，综合是目的。

（五）翻译教学的载体

课堂教学是翻译教学的载体，教师通过课堂教学可尽量详解教材，并对知识、技能、过程、方法与感情、态度以及价值观进行相应的引导。课堂教学应努力贯彻以实践为主、以学生为主的原则，大致可包括教师讲解、范文赏析、译文对比、学生练习和练习讲评五个环节。

1. 教师讲解

在课堂上，教师讲解的重点是以英汉语言对比为基础分析译例，提示技巧，把学生对翻译的感性认识提高到理性认识。

2. 范文赏析

选择一些语言优美又容易的名人名译，既有赏心悦目之效，又有借鉴临摹之功。

3. 译文对比

选择同一原文的两三种不同的译文，让学生比较揣摩。可比较译文的优劣，也可比较不同的译德译风，择优而从，见劣而弃。

4. 学生练习

练习包括课前复习、课内提问及课后作业，它贯穿于整个教学过程，也是翻译教学中的重要环节。

5. 练习讲评

练习讲评多从两种语言特点的对比和分析着眼，从翻译思维中一些具体障碍着手，不就事论事地纠缠于细枝末节。

以上的五个环节中，除了讲解主要由教师承担外，在其他四个环节中，讨论是组织教学的重要形式。讨论本身有不同形式：可以教师引导，学生讨论，也可以老师提问，学生作答，或者师生一起讨论等。通过讨论，可进一步发挥学生学习的主动性，使教师与学生、学生与学生相互沟通，最终使翻译的整体教学得以实现[a]。

二、英语翻译教学的目标

英语翻译教学的目标主要归纳为以下三点：

（一）使学生了解翻译的基本概念、性质、形式和认知过程

在学习的初级和中级阶段，翻译教学要帮助学生了解翻译的一些基本知识，如翻译的基本概念、翻译的主要性质、翻译的各种形式、翻译的重要作用、翻译市场、翻译的主要标准、翻译的基本原则、笔译与口译的种种差别、口译和笔译的基本技巧以及不同语言之间信息转换的过程等。尤其要使学生了解语言知识与认知之间的紧密关系，了解对翻译而言认知知识的重要性。同时，这些知识的传授要贯穿在教学的各个环节中，需要教师与学生的积极互动，也需要学生的积极参与。

（二）培养学生的双语思维能力，使其掌握基本翻译技巧与方法

我国学生一直生长在汉语的环境中，习惯用汉语的思维来思考问题，但翻译要求人们同时用英语和汉语的思维来考虑问题，因此英语翻译教学要培养学生双语转换思维的能力，这也就成了翻译教学的重要目标之一。此外，要想顺利进行翻译，还离不开一定的翻译技巧和方法，英语翻译教学的另一重要目标就是使学生掌握尽量多的翻译技巧和方法。[b]

（三）提高学生的双语表达能力

除了要培养学生的翻译技能外，提高学生的双语理解和表达能力也十分重要。因为翻译涉及的是双语交际的活动，交际活动中使用的语言，含义有时是字典中提供的含义所不能涵盖的，所以这就需要在翻译前后进行充分的准备，也就是不断丰富学生的百科知识，增强学生的理解和表达能力成为英语翻译教学的目标。

---

[a] 苗兴伟，秦洪武. 英汉语篇语用学研究 [M]. 上海：上海外语教育出版社，2010.
[b] 张广智. 史学：英美文学中的文化与翻译技巧 [M]. 北京：中国方正出版社，2009.

第二节　英语翻译教学的模式与原则

一、英语翻译教学的模式

在这里我们着重介绍两种英语翻译教学的模式,一种是以学生为中心的教学模式,另一种是多媒体教学模式。

（一）以学生为中心的教学模式

现代教育观认为,学习的过程是学生主动接受刺激、积极参与意义构建的思维过程,学生是教学服务的对象,教学过程中应以学生为中心组织教学,充分发挥学生的积极性和创造性,同时也不能忽视教师的引导作用。这就强调了以学生为中心的教学模式的重要性。

以学生为中心的教学模式呈现出显著的教学特点,主要表现为以下几点：

（1）教学的主要目的是培养学生独立的翻译能力。

（2）教学的重点发生了转移,以教师为中心转向了以学生为中心。

（3）注重学生学习的积极性和主动性。

（4）强调翻译的过程。

（5）关注学生信心的树立,要求教师对学生的作业持积极、宽容的态度。

针对学习的认知过程来讲,只有学生主动地参与到学习过程当中,才能快速高效地完成学习任务。在学习过程当中,学生的主观态度、意识和情感等因素对学生翻译能力有着重要的影响。所以,在这一模式具体实施的过程当中,教师应善于观察和分析学生的心理特点,并根据学生的特点来适当调整教学,为学生营造一个轻松愉悦的学习氛围,充分调动学生的积极性,激发学生的学习兴趣,使学生勇于发表自己的观点。同时,这一教学模式要求教师要结合学生的兴趣、需要、特长以及弱势来组织课堂讨论,以培养学生乐于交流的性格,激发学生的创造性思维,还要求教师对学生的译文持宽容、积极的态度,积极评价学生的优秀译文,树立学生的自信。因此,无论是在课堂或课外实践中,教师都应将学生置于教学的主体地位,并依据学生的实际情况开展和组织教学。[a]

---

[a] 谢建国. 英语翻译 [M]. 北京：机械工业出版社, 2005.

（二）多媒体教学模式

传统教学手段的局限性和落后性使得现在越来越多的学校和教师开始在课堂教学中运用多媒体这一新的教学手段。在具体的教学过程中，这一教学模式可分以下步骤进行：

（1）在课堂上教师为学生讲解语篇文体特点等方面的知识，帮助学生理解语篇的基本知识，了解语篇的背景知识和语境。这些活动课采用电脑、电视及投影仪等多媒体手段进行，这样可使学生更快地进入角色，对讲解的基本知识有一个深刻的了解。

（2）让学生复述、概括背景知识，教师做必要的补充和纠正，以帮助学生掌握所需了解的内容。

（3）让学生阅读原文，然后独立思考，并着手进行翻译，同时教师帮助学生解决遇到的难题，并面向全班讲解。

（4）学生以电子邮件或其他形式提交书面作业，之后教师对学生进行分组，小组内部展示作业，并相互交流发表对译文的不同看法，选出一人将大家的意见综合起来。教师可参与讨论，并对学生的活动和译文做出评价。

从上文中不难看出，首先，多媒体教学模式改变了传统翻译教学的模式，学生不再是被动的接受者，而是成为积极的参与者。其次，通过多媒体技术，学生可以更容易、更轻松地体会英汉文体的不同风格，领悟英汉语言之间的差异。再次，多媒体含有丰富的教学资源，为教师和学生提供了大量的信息，同时也为教师和学生带来了信息交流的机会。最后，多媒体这种新颖的教学模式调动了学生的参与积极性，激发了学生的自主性，发展了学生联想和创造性的思维。

二、英语翻译教学的原则

提高学生的翻译能力、培养学生交际能力是翻译教学的最终目的。而英语翻译教学的原则始终贯穿其中，指导和促进着翻译教学的进行。因此，英语翻译教学应遵循五个方面的原则：交际原则、认知原则、文化原则、系统原则和情感原则。

（一）交际原则

交际是语言的重要功能之一，也是外语学习的最终目的。外语交际能力主要包括准确接收信息的能力和准确发出信息的能力。而对翻译教学以及翻译能力的培养而言，交际能力还包含准确转换信息的能力。交际理论认为，语言是表达意义的体系，其主要功能是交际功能，语言的结构反映其功能和交际用途，语言的基本单位不仅仅是它的语法和结构特征，还包括反映话语中的功能和交际意义的范畴。所以，在英语翻译教学过程中，教师应始终遵循这一原则，在该原则的基础之上培养学生的翻译技巧和能力。[a]

（二）认知原则

学生通常会在自己原有知识的基础上来学习和接受新的知识，同时也会依据自己的认知特点以及自己原有的思维方式来采取不同于其他人的学习方法和策略。所以，在翻译教学过程当中，教师应遵循认知原则，充分考虑学生的不同特点，并针对学生的特点设计出能够激发学生兴趣、调动学生积极性的活动模式，引发学生积极思考，培养学生自己的学习方法和策略，发展学生的翻译技能，使学生实现有效交际。

（三）文化原则

外语学习本身就是一种跨文化交际活动，翻译学习更是如此，它要求学生必须了解不同语言国家的政治体制、经济模式、思维习惯、生活方式、风土人情和表达习惯等。所以，在翻译教学中，教师要时刻谨记这一原则，并将学生置于跨文化交际的语境之下，重点培养学生跨文化信息转换的能力，使学生切实感受到只顾语言的对应，不考虑不同国家之间的文化差异是难以达到交际目的的。

（四）系统原则

语言是一个庞大而完整的系统，其内部的各个成分和要素之间都是密切联系的，并且有规律可循。翻译教学亦是如此，它是一个繁杂的系统工程，有着自身的规律和方法。因此，在翻译教学过程当中，教师应遵从系统的原则，根据翻译的本质、翻译教学的基本规律以及学生和社会的需求，制定系统而科学的教学大纲，以培养学生的翻译技能，增强学生的英语能力，提高翻译教学的效率。

（五）情感原则

除遵循上述原则外，在英语翻译教学过程当中还应遵循情感原则，因为在翻译的学习当中，学生的学习动机、学习态度、学习兴趣及学生自身的性格都会影响学生的学习效果。所以，教师应不断引导和调控学生的学习态度以及学生的个人情感。

---

[a] 景志华，孙东菱. 实用英语翻译 [M]. 北京：中国电力出版社，2013.

第三节 英语翻译的主要方法

在英语翻译中，翻译方法的掌握尤为重要。本节我们主要介绍一些常见的翻译方法。

一、图式方法

图式实际上是一些知识的片段，它以相对独立的形式保存在人的大脑记忆中，对言语的理解其实就是激活大脑中相应知识片段的过程。人从生下来开始就在同外部世界接触的过程中开始认识周围的事物、情景和人，同时在头脑中形成不同的模式。围绕不同的事物和情景，这样的认知模式形成了有序的知识系统。图式是人的头脑中关于外部世界知识的组织形式，是人们赖以认识和理解周围事物的基础。如果在面对新的信息时，我们的大脑中没有形成类似的图式，就会对理解产生负面的影响。因此，将"图式"引入翻译教学当中意义十分重大，这样可以成功地激发学生头脑中与文本相关的图式，使学生对原文有一个正确的理解。

在翻译时，教师可以为学生提供一些需要激活图式才能正确理解的语言材料，然后要求学生根据这些材料进行翻译。同时，教师要帮助学生记忆语言的形式和功能，帮助学生调动相关的图式，以帮助他们修正和充实对事物的认知图式。

二、推理方法

推理是从已知的或假设的事实中引出结论，它可以作为一个相对独立的思维活动出现，经常参与许多其他的认知活动。这里的推理并非译者凭借想象所做出的随意行为，而是文本结构的内在特征。翻译时，人们在看到文本的内容后，往往会根据已有的知识经验做出一系列推理，这些推理为译者提供了额外的信息，把文本中的所有内容联系起来，使人能充分理解每一个句子。因此，在翻译教学过程中，教师要有意识地介绍给学生一些常用的推理技巧，如利用逻辑词进行推理、根据作者的暗示进行推理、根据上下文进行推理等，以培养学生的推理能力。[a]

---

[a] 曹勇宏，方青卫. 大学英语翻译理论与技巧 [M]. 开封：河南大学出版社，2000.

三、语境方法

所谓语境即言语环境，既指言语的宏观环境，又指言语的微观环境。宏观语境是话题、场合、对象等，它使意义固定化、确切化。微观语境是词的含义搭配和语义组合，它使意义定位在特定的义项上。在翻译的过程中，这两种言语环境都要考虑到，因为只有两者结合才能确定话语的含义。同时，译者不仅要依据自己的语言知识获取句子的意义，还要根据原文语境中的各类信息进行推理和思辨，获取原文作者想要表达的深层意图，进而确定相应的译文，准确地表达原文的意思。

语境在翻译中起着至关重要的作用，翻译中的理解和表达都是在具体的语境中进行的，词语的选择、语义的理解及篇章结构的确定都离不开语境，可以说语境是正确翻译的基础。因此，在具体的教学过程中，教师要引导学生在理解原文的同时紧扣语境，反复推敲，以达到准确、传神地传达原文意义的目的。

四、猜词方法

所谓概念能力是指在理解原文的过程中对语言文字的零星信息升华为概念的能力，是原文材料的感知输入转化为最佳理解的全部过程。学生的概念能力在翻译中起着重要作用。一个学生在词汇贫乏时，对词句与段落形不成概念；在对关键词在原文中的含义不甚理解的情况下，得不到文字信息的反馈，就会陷入对内容的胡乱猜测。所以，要指导学生使用正确的猜词方法。

翻译中的猜词方法包含以下几种：

（1）根据词的构成猜测生词词义。这是一种比较常用的方法，它要求学生掌握一定的构词法知识，特别是词根、前缀、后缀的意义。

（2）利用信号词。所谓信号词就是在上下文中起着纽带作用的词语。这些词语对猜测生词词义有时能起很大的作用。

（3）根据意义上的联系猜测词义。句子的词语或上下文之间在意义上常常有一定的联系，根据这种联系可以猜测词义。

（4）结合实例猜测生词词义。有时，在下文中给出的例子是对上文中提到的事物加以解释，可以结合例子中常用词猜测所要证明的事物中的生词词义；反之，也可以猜测例子中的生词含义。

（5）通过换用词语推测生词词义。在文本中常会使用不同的词语表达同一种意思，难易词语交换使用的现象，据此可猜测生词词义。

第四节　英语翻译的文化因素

从来没有一种语言是单纯产生的，语言总是在多种文化因素的相互或者综合作用下形成的。对英语来说，也是在一定地域、一定的文化空间内逐步成长并在现实生活中起作用的。正是因为英语翻译是建立在不同文化之间的沟通与交流基础上的，是文化交流的一种方式与途径。所以，英语翻译从客观上来说，就担当着这种沟通不同文化之间差异的角色，一篇英语翻译的质量与水平如何，在更大限度上决定着文化沟通的程度。在全球化视野之下，语言翻译的功能更多的是承担着一种文化沟通与交流的功能，只有从语言学的视角下来真正认识英语翻译的文化功用，才能对英语翻译具有深刻的、根本的理解。同时，英语翻译作为不同文化之间交流的一种方式，从来都要把相关的文化因素考量进来，只有真正地把文化因素考虑到英语翻译的过程中来，才能保证英语翻译的质量与水平，也才能在最终的意义上实现英语翻译的目的。

一、英语翻译的实质是两种文化的沟通方式

语言的最终目的是要服务现实生活中的人，为现实生活中的人们提供服务。表达人的思想、想法以及对事物的看法，是语言的基本功能。从这个意义上来说，语言又具有一定的独立性。这是因为：大多语言都是建立在一定的地域生活中的人们之间的，是为了满足相应地域人们的生产与生活需要而产生的。这就出现了文化沟通的必要。

从来没有一种或者两种语言是在同一文化背景下产生的，英语翻译正是建立在两种具有不同文化背景或者语言背景的地区之中。英语翻译实质上就是这两种不同文化的翻译结果。首先，英语翻译的目的，正是基于文化背景的不同。人作为一种社会性动物，对于现实世界的好奇心理从来不会减弱，只会随着对世界认识的加深而逐步加深，这是人类生活的本质。英语作为产生在不同文化背景下的语言，从本质上来说，承载着那个地域人们的生活理念、生活方式乃至生活状态。这种基于文化背景的不同所产生的差异，需要英语翻译来实现文化差异的互补，达到人们彼此交流文化背景与文化根源的目的。其次，英语翻译实质上就是人们文化交流的过程。人们之间需要文化交流，更加需要在交流的过程中，实现对世界的真实认识。从哲学上来说，人们不是具有无限理性的，人们的理性实际上仅仅限于眼前的事物，对眼前的事物的认识实

际上就是人们的理性所能达到的最高程度。一方面，人们需要认识现实世界，来指导生活行为；另一方面，人们又缺乏一定的工具来认识世界，这些在客观上都使得人们认识世界的方式或者方法具有一定的局限性。所以，人们之间的文化交流与沟通实质上就成为人们必须关注的对象。人们之间的文化交流实际上就是英语翻译的出发点与落脚点，这也是人们进行文化交流与沟通的必要前提。

二、英语翻译的语境化翻译本质上就是一种文化翻译

谈论语言的运用总离不开对语境的解读，毋庸置疑，语言总是在特定的语言环境中产生并在这样的语言环境中获得其生命力的。英语翻译的一个最为显著的特点就是要真正地考虑到英语表达在特定的语言环境中的具体含义。因为对任何一种语言来说，语言总是在一定的语言环境中进行的，不同的语言环境需要不同的语言表达形式。甚至在同一语言环境中，也会具有多种语言表达形式。在英语翻译过程中，要特别注意语言环境对英语翻译的影响，真正地把语言环境考虑到英语翻译中来，既是英语翻译的迫切需要，也是准确进行文化交流与沟通的现实目的。

语境化地对英语进行翻译，要求英语进行文化翻译必须注重以下两点：第一，把英语原文置于其所表达的特定语言环境中。任何一种语言总是在一定的语言环境中来表达的，把英语语言还原到特定的语言环境中来，是理解英语语言的特定方式，也是最大限度地还原英语真实含义的最为有效的办法。换言之，只有把英语还原到其表达的具体环境中来，才能理解英语表达的本质。第二，语境化还原英语翻译，实际上就是一种文化翻译方式。不同的语言在不同的语言环境中，必定具有不同的表达方式，对英语与汉语来说都是如此。语境化翻译英语，实际上就是英语文化得以体现的一种具体方式，也是把英语置于一定的文化背景之下，力图使得读者能够理解英语含义的真实方法。高度重视语境化的英语翻译方式，就是高度重视英语翻译的质量。

第五节 文化差异与英语翻译

作为目前世界上通用的语言之一和使用人数最多的语言，英语和汉语在整个世界范围内的影响力都不容小觑，就这两者来说，文化基础具有显著不同，分别反映出相应的历史传统和民族文化。在汉语学习的过程中，虽然很多因素与文化背景之间关系

密切，也不会影响到对文章的理解。但是在英语知识学习的过程中，即使知道所有词汇的含义，有的时候也很难将其真实含义准确无误地表达出来。导致这一现象的主要原因主要就是两者之间的文化差异。当形成某一种语言的时候，会与一定的历史背景和地理条件等因素相关，而且在认识语言的时候，也需要充分结合相应的文化背景，因此可以说文化与语言是密不可分的。对所使用的语言来说，实质上属于一种特定的文化，人类的言行举止会受到当时特定社会环境和特定语境的影响，同时也会在一定程度上产生制约作用。由于人们生活在特定的文化体系中，这种文化会在潜意识中支配人们的行为活动。而对文化来说，体现出相应的文化形态、文化个性以及民族性，如果在语言层面上反映这种文化形态差异的话，就会表现为语言差异。由此可以得出，在翻译过程中双方存在的文化差异必然会对其造成影响。因此，为了消除这些差异，在翻译过程中就需要加强对相关文化的了解，如人情风俗、历史背景及社会经济背景等多个方面。通过这种方式，就能够掌握两者之间的联系，进而提高翻译质量。[a]

一、文化差异对英语翻译的影响

对我国和英语国家来说，无论在历史，还是人们的生活习惯、思维方式等多个方面，其差异都较为明显，这样就会导致文化出现一定差异，因此必然会在一定程度上影响英语翻译。总的来说，在英语翻译过程中所受到的文化影响主要表现在意识形态、历史、风俗习惯与地域等多个方面。

（一）在思维概念方面存在的差异

对英语单词来说，与我国某些词汇一样，具有特定的含义和象征意义，但是由于我国与英语国家文化的不同，在最终的词汇理解方面也就体现出明显差异。比如"dragon"一词，在我国的文化中表示"龙"，在人们的思维中，龙主要是作为一种精神元素，象征着"高贵、吉祥、神圣"，是我国的一种文明象征；而对英语国家的人们来说，龙象征着"凶残、魔鬼、怪物"。由此可以看出，在翻译过程中词汇的含义存在着本质的区别，所以在翻译过程中应该尽量不使用这一类的词汇，以免造成误解。在双方之间的意识形态方面存在的差异，必然会导致其在理解方面有所不同，这样在英语翻译过程中肯定会存在一定的偏差，导致原文与译文之间出现较大偏差，因此在英语翻译过程中需要加强注意，以免造成理解困难。

---

[a] 陈可培，边立红．应用文体翻译教程[M]．北京：对外经济贸易大学出版社，2012．

（二）在历史文化方面存在的差异

民族战争、民族同化、民族征服、民族迁徙以及地壳活动等各方面的因素都会对人类的历史文化产生严重影响，同时语言发展进程也会受到一定程度的影响。例如，"All roads lead to Rome" "Rome was not built in a day" "Do in Rome as the Romans"等短语都表示特定的含义，是在特定的历史环境下形成的，如果在翻译过程中不了解这段历史文化背景的话，就必然会形成偏差。每一个国家和民族的发展历史都不尽相同，这就会大大增加翻译难度。历史文化是对各种历史典故的充分展现，表现出鲜明的民族色彩和历史个性。比如"项庄舞剑，意在沛公"中，由于这是我国的历史典故，如果仅仅只是翻译表面含义的话，则不能将该词的内涵体现出来，这样在翻译的过程中就可以用英语成语来替代，就能够将其翻译成"to have an axe to grind"，这样就能够充分表达出别有用心的内涵。

（三）在风俗习惯方面存在的差异

在风俗习惯中，能够将某一地区人们的生活方式、生活习惯等充分展现出来，会受到多个方面因素的影响，如文学艺术、宗教、经济及政治等，而且两者之间的影响也具有一定的相互性。所以在这种社会环境下，就会形成特有的用语习惯。比如"all at sea"一词，从字面意思来看可以翻译成"都在海上"，但是联系英国人们用语习惯的话，该词则表示"茫然不知所措"。因此在翻译过程中，需要充分考虑到词汇中的联想意义、情感意义、风格意义以及内涵意义等多个方面。

（四）在地域文化方面存在的差异

地域文化指的是在不同的地理环境、自然条件以及地域条件中逐渐形成的一种文化，主要是表现出人们对待某一事件的表达方式和态度。比如"东风"一词，在汉语词义中表达出"草长莺飞、温暖和煦"的意思，但是在西方文化中则表示"砭人肌骨"的寓意，如"biting east winds"，与"古道西风瘦马"中"西风"一词较为相近，而在西方国家语言中则是用"温暖""和煦"等词汇来形容西风。导致这一差异出现的原因主要就是由于东西方地理位置差异造成的，我国的地理位置是东临大海，因此东风更加舒适；而西方国家是西临大海，自然西风更加温暖宜人，因此在翻译的时候需要格外注意。

二、消除文化差异影响的有效措施

文化之间的差异是客观存在的,为了避免在翻译过程中形成差错,就需要采取相关的措施来降低影响,增强两者之间的和谐。

(一)附加注释

针对一些具有特定含义,或者是在特定场景中具有特殊含义的词汇,在翻译的过程中可以直接附加注释,这样不仅仅能够完成翻译,同时词汇含义也能够完美地诠释出来。比如"东施效颦",如果仅仅只是直接翻译的话,一方面不能表达出该词所表达出的情景,另一方面也会增加读者的理解难度,因此在翻译过程中就可以通过注释来解释"东施"的身份,以便读者理解。

(二)在译文中增词达意

有的时候在翻译过程中为了将原文文化色彩完整地保留下来,通常会采用直译的手法,但是这样会加大读者的理解难度,因此就可以在此基础上适当应用解释性的词汇,在保证原文意思没有出现误解的同时,帮助读者更好地理解。

(三)替换词汇

英语翻译过程中,受到两者之间文化差异的影响,并不是直接用概念意义相似的词汇或短语来表达文化意义相似的词汇或短语,而是用文化意义中相似的词语进行替换,这样不仅仅保留了原文中的含义,同时也符合读者的思维方式习惯。比如"不分青红皂白",就可以将其中的"青白"省略,将其翻译成"Unable to distinguish black from white",通过简化也能够完整地表达出词汇含义。又如"as thin as a shadow"短语,其字面意思可以解释为"瘦得像影子",由于在汉语中不存在这种表达方式,存在理解差异,因此在翻译过程中就可以用"瘦得像猴子"来替换,这与读者的思维方式更加接近,进而充分表达出短语含义。

(四)意译

对有些词语来说,文化含义浓厚,如果仅仅只是采用直译的话,很难将其中的文化意义准确传达出来,如果用其他词汇替换的话,又可能会出现理解偏差,在这种情况下就可以使用意译法,实质上就是采用原文中与之较为相近的词汇或短语来表达具有浓厚文化含义的词汇或短语,进而有效地解决这一问题。

总的来说，虽然汉语和英语之间表达方式存在着较多相似或相同的地方，但是在实际应用过程中还是凸显出其个性化特征，正是由于这种表达的差异，才会在翻译过程中造成困惑和误解，增加读者理解难度。因此，在英语翻译过程中，为了消除这种影响，就必须加强对文化因素的充分考虑，通过对当地宗教、文学艺术、政治文化、历史地理及风土人情等多方面文化的了解，站在文化、民族的层次去理解，只有这样才能够尽可能地缩小在英语翻译中表现出的文化差异，进而更好地理解原文中的含义，并保证译文与原文之间最大限度的一致，满足人们的阅读需求，加强文化交流。[a]

第六节　功能翻译理论下的英语翻译

功能翻译讲求翻译由原作者、翻译人员与读者构建一个整体，着力保证原文与读者的互动，更好地传递作者的意图，达到对主客体条件的充分考量，更好地发挥翻译技巧的价值，达到提高翻译有效性目标。

本节在解析功能翻译理论的基础上，研究功能翻译对英语翻译的技巧，从而提高功能翻译的有效性，全面展示功能翻译的价值。

一、功能翻译的理论内涵与价值

（一）功能翻译

功能翻译主要指的是满足读者需要的翻译，强调读者与原著之间进行有效的交流，是在长期实践与积累中形成的实用和可操作性的翻译方法。功能翻译基于对原著的充分理解，注重使读者在译文中感受原文的精华。

（二）主要价值

功能翻译有效地消除了传统基于逐字、逐句翻译的弊端，提高了翻译的效率，同时更有助于读者把握原著的内涵。翻译工作可以更好地协调各种条件与因素，达到有效翻译的目的。

---

[a] 廖国强，江丽容.实用英汉互译理论、技巧与实践[M].北京：国防工业出版社，2011.

二、功能翻译视角下的翻译原则

（一）明确目标

基于功能的翻译是一种有目的的工作，翻译的过程中要满足读者对原文的期待，强调达到文本与读者进行交流的目的，在有效统筹英汉语境差异的基础上，更好地让读者接受原文，基于功能翻译理论的英语翻译力求达到通俗易懂。功能翻译从根本上摒弃了逐字、逐句翻译的理论，强调结合特定的语法与句法结构进行翻译，翻译行为不仅要尊重原著，而且更多为读者服务，这样才能实现翻译的价值，并且达到翻译的目标。译文的翻译需要根据接受者的阅读目标而定，在翻译的过程中应当充分地考虑接受者的文化水平、生活背景以及对作品的期待。只有充分地考虑读者的情况，才能恰当地决定使用哪种翻译方法，这样才能提高交流语言的有效性。

（二）忠实于原著

基于功能翻译理论的英语翻译强调忠实于原著，能够在文化融合的背景下更好地保证原著的意境。基于原著的英语翻译一方面全面考虑了双方文化的习俗，另一方面要求翻译者对双方文化有深入的了解，做到根据作品的实际情况进行灵活的切换，从而实现原文与译文的有效配合，有效消除翻译时的背离问题。基于功能翻译的方法更注重从读者的需要出发，强调达到文化交流目标，要求在翻译的过程中把握好语境，让读者更清晰地了解原文的主题思想。忠实于原著的英语翻译还要达到内容与形式的统一，能够通过有效的形式反映文本的中心思想，按照形式服务于内容的方式，达到对翻译内容的深度体现。忠实于原著的翻译还要适当地运用修辞方法，在修辞的运用时体现原著的情感色彩，有效地描述原著的情节，让读者在翻译中体会到作品的深刻内涵。[a]

（三）实用有效

实用性也是功能翻译理论遵守的基本原则，功能翻译要讲究实用性的特征，做到篇内与篇外一致，在翻译的过程中要达到原文与译文保持一致，并且保证翻译的连贯性，不仅要尊重原文的创作者，也要尊重译文的接受者，在翻译时应当达到文章实用的目标。

---

[a] 赵广发,胡雅玲,薛英英,等.英语实用文体翻译理论与实践研究[M].北京:中国水利水电出版社,2016.

三、功能翻译视角下的翻译方法

（一）口译方法

基于功能翻译理论的英语翻译技巧强调在翻译的过程中尊重作品的文化与语境，强调知晓作品中所有词汇的意思，注重根据语篇语境进行稍加推理。口语翻译强调即时性的特征，强调达到体现前瞻性的翻译目标，注重在翻译时达到根据具体的语境进行翻译，在口语翻译时应当融入当时的语境、运作、神态等内容，从而达到语义与文化思想的结合，进一步提高翻译者的能力，真正地在口译中达到展示思想观念，提高翻译语言的组织能力，使得翻译拥有更流畅性的目标。口译应当具有即时性、实用性的特征，在表达上使用恰当的方法。功能理论视角下的翻译不强调还原双方的原话，而是要在准确理解意思的基础上进行有效表达，从而发挥语言为有效交际服务的目标。

（二）意译方法

意译方法主要指的是在英语翻译时不能只从作品的字面意思出发进行翻译，在翻译时还要注重中西方文化的差异，强调在翻译时有效地解决约定俗语翻译的问题，更好地实现在各自的背景下进行深入翻译的目标。因此，翻译人员应当熟悉中西方文化的特征，能够利用一些特殊的语境进行翻译，意译时还要注重对词语的顺序进行合理改动，注重适当地增加和删减词汇，这样更有助于对原文的含义进行充分的表达。例如，他离家非常远，什么都靠自己，可以翻译为他孤身一人而且无亲无故。这样可以达到简单扼要地翻译，准确地体现文本词汇的深刻含义。为了达到意译的目标，还要根据原文合理地使用有效的修辞方法，注重根据内容与形式掌握一定的翻译技巧，发挥修辞与句型结构的辅助价值，真正做到在意译的基础上表达情感，全面体现翻译的生动性。

（三）灵活翻译

基于功能的英语翻译更注重翻译的实用性。只有体现出翻译的灵活性和神韵，才能达到掌握原文意思的目标。基于原文的功能性翻译应当对原文的结构布局有一定的把握，体现出对原文结构的深刻把握和理解，在贴近原文的基础上，使读者更加准确地接收信息。因此翻译者在翻译时还要对原文的内容、语言习惯、描写方式进行整理，不能只片面地翻译，有效地消除翻译的碎片化问题，注重翻译时的层次递进性，掌握翻译的基本法则，达到在综合性的翻译中更好地展示作品的精髓。

提高功能翻译的有效性，还要明确翻译技巧，创新翻译的有效方法，着力在优化选择语言素材的基础上，达到全面提高翻译的针对性，在忠实原文的基础上，实现对翻译作品的创新，达到高质量翻译的目标。

第七节　功能对等视域下的英语翻译

在全球一体化发展趋势逐渐加剧的今天，英语作为一种重要的国际通用语言，其在国家政治、经济、文化、教育等的发展进程中发挥着越来越重要的作用。因此，英语教育、英语人才培养、英语翻译等逐渐成为社会广泛热议的话题。本节从英语翻译的角度，就功能对等视域下的英语翻译策略展开了深入的研究与探讨。在对功能对等相关理念内涵，以及其在英语翻译中的具体应用策略等进行详细探究的基础上，分析了功能对等视域下的英语翻译技巧与翻译策略。希望借助以下研究探讨进一步促进功能对等理论在英语翻译中作用的发挥，具有一定的借鉴意义[a]。

随着国际化的发展，人际交流与国际的信息互动不断增多，英语翻译对国际交流的作用也越来越明显。因此，我国十分重视英语翻译人才的培养。而功能对等理论是英语翻译的重要理论指导，能够提高英语翻译质量，加强人们的活动与交流。并且，按照功能对等理论进行英语翻译能够保证翻译信息的统一性，确保翻译工作的顺利进行。在这种情况下，学者需要加强对功能对等理论的研究，加快探索功能对等视域下的英语翻译，以保障翻译的高质量和信息交流的完整性。

一、相关概念概述

（一）功能对等理论内涵

功能对等理论强调英语翻译的语言形式，重视对翻译过程中特殊现象的分析和处理，不会在翻译过程中单一注重文字外在内涵和文字的表象特征，而是在文字基础上对英语和汉语的关系进行研究，进而优化翻译效果，使翻译更加完整。功能对等理论将英语语言形式与汉语语言形式相结合，形成了多样化与灵活的翻译体系。

---

[a] 赵颖. 新编语用学概论 [M]. 北京：中国商务出版社，2015.

（二）功能对等对英语翻译的作用

英语翻译的主要目的是实现双方的信息交流。随着人们信息交流的增多，各行业对英语翻译的要求也越来越高，英语翻译必须确保翻译的专业性和精确性。而功能对等理论能够加强翻译人员对翻译领域的了解，使其掌握英语翻译技巧，进而增强翻译准确性，提高翻译效率，加强互动交流。因此，功能对等理论能够实现对英语翻译的指导和促进作用，有利于翻译工作的有序开展。

（三）功能对等在英语翻译中的应用

词语翻译需要遵循一定的翻译原则。具体来讲，英语翻译的专业性较强，需要加强对词语与专业术语的全面了解，避免翻译失误对活动交流的阻碍。同时，语句的翻译要根据功能对等理论实现所翻译的句子与原句之间的对等。根据翻译的实际情况，如果直译能够准确表达原有文本的含义，翻译者可以采取直译的方法进行翻译。为了实现形式对等和功能对等，翻译人员可以对原有句子的结构进行调整，然后再进行翻译。在功能对等视域下，语篇的翻译必须保证语篇功能的对等，全面掌握语篇的内容，对文中的句子和词语进行整体分析。明确原文风格，在不改变原文风格的情况下进行翻译。

二、功能对等视域下英语翻译技巧

（一）语言意义对等

语言意义对等是功能对等视域下英语翻译的重要目标。因此，翻译人员在英语翻译过程中应积极了解原文的内容，在翻译的时候使译文能够准确地表达原文的内容和意义，避免信息翻译错误对信息交流的影响。在功能对等视域下，英语翻译应做到语言意义的对等，加强对词汇、词句和语篇的了解，保证词汇意义、词句意义和语篇意义的对等。同时，在涉及不同专业词汇的时候，英语翻译应深入了解专业词汇的意义，实现对专业词汇的合理翻译，确保专业术语的意义不变。

（二）语言风格对等

语言风格对等是功能对等视域下英语翻译的重要目标，对英语翻译的有序开展有着巨大的促进作用。因此，英语翻译应重视语言风格的对等。由于英语翻译具有较强的专业性，翻译人员需要充分了解原文的风格特征，在翻译过程中保留原文风格特征，对语篇、词语和词汇进行合理翻译。另外，在翻译过程中，翻译人员应做到言简意赅，注重细节，避免因细节疏忽而导致语言风格的改变。

三、功能对等视域下英语翻译的策略

（一）直接翻译

直接翻译是英语翻译中常用的翻译方法，具有直接性和便利性的特点。在翻译过程中，翻译人员应根据翻译内容科学制定翻译策略，确保翻译的针对性，使译文能够准确表达原文的意义。而直接翻译能够对一些基础的词汇和句子进行翻译，并保证意义的对等性。直接翻译还能够实现功能形式的对等，便于人们对译文的理解。因此，翻译人员在功能对等视域下可以使用直接翻译的策略对文章进行翻译，确保译文和原文意义、功能、形式方面的对等。[a]

（二）归化翻译

影响英语翻译的因素众多，主要包括语言本身、语言背景及语言文化等。在翻译过程中如果采用单字翻译的方式会导致语言对等无法实现。在这种情况下，英语翻译人员应在功能对等理论的指导下采取归化翻译策略，加强对原文中心思想的了解，全面掌握原文中的专业术语，把握原文的语言风格。并且，翻译人员应在了解原文主旨的基础上，使译文能够再现原文内容，增强英语翻译的生动性。为此，翻译人员应对词汇、专业术语、句式等进行灵活运用和变通，避免翻译不准确的现象。另外，翻译人员在准确表达专业术语的内容时，应确保专业术语翻译的精准性，避免专业术语译文与原文不对等的现象。

功能对等理论是英语翻译的重要指导理论，能够促进英语翻译工作的有序进行，对英语翻译工作的开展具有促进作用。因此，我们需要加强对功能对等理论的重视，积极掌握功能对等视域下英语翻译的技巧和方法，并结合实际情况根据功能对等理论采取直接翻译策略和归化翻译策略，加强对英语文化的学习，不断提高翻译人员素质，进而实现英语翻译效率的提升，促进翻译工作的有序发展。

---

[a] 叶子南.高级英汉翻译理论与实践：第3版[M].北京：清华大学出版社，2013.

第八节　目的论视角下的英语翻译

翻译不但是一门技术，还是一门艺术。翻译英语时，不仅要求翻译者熟练应用各类翻译技巧，还需要翻译者在翻译过程中融入翻译艺术。翻译目的论将翻译艺术与翻译技巧放在同等重要的位置全面考虑，分别从受众以及译入语文化两个角度出发，对翻译理论进行阐述，且提供了比较完善的翻译策略。

一、目的论的概述

目的论指的是在进行翻译时，把翻译的目的放在首要位置，并以此来确定所采用的翻译技巧与翻译过程。通常情况下，为了达到翻译目的而决定使用哪种翻译过程。所以在目的论视角下进行翻译时，翻译者必须对其翻译目的予以明确，因为翻译方式以及翻译结果均会随着翻译目的的不同而有所改变。目的论的提出大大转变了以往翻译过程中把翻译的准确性与翻译效果放在首要位置的情况，以往在评价翻译过程时，通常是以翻译目的是否达成为标准。而在翻译论视角下，在开始翻译前翻译者必须清楚掌握翻译目的，并参考翻译目的达成所需采用的翻译方式与方法，从而更能满足人们的需求。

二、目的论视角下的英语翻译原则

（一）目的性原则

英语翻译工作和其他工作相类似，都有一定的目的性，而其目的主要在于达到特定的翻译效果。由于中西方文化存在较大的差异，行业不同其英语专用词汇与语法特点也相差甚远。所以在翻译过程中，必须要对受众的文化背景、接受程度及其语言习惯进行全面考虑，让受众能够快速进入文本所创设的语言环境中，并能够在最短的时间内了解文章框架与内容。除此之外，还应当根据具体受众来选择相应的翻译技巧。例如，对于商务类和科技类的英语文献，应当一字一句仔细翻译，以确保翻译的完整性；对于日常交际方面的英语，应尽可能地运用当地习惯使用的表达方式，防止对英语进行逐字逐句地翻译，让受众产生生硬的感觉。当前，国际交流越来越密切，越来越多的人可以通过互联网阅读到国外的优秀文化成果，因此，翻译就显得极为重要。

只有确保翻译效果良好，才能让文化作品流传得更为久远。

（二）忠实性原则

英语翻译的忠实性指的是尽可能采用受众所擅长的语言将原文内容完整地翻译过来，以确保能够将原文构架内容系统、全面地呈现给受众。然而，要想有效融合两种文化，且运用同一语言将其完整地表述出来具有较大难度，需要翻译者能够全面掌握两种文化，并且能够熟练运用两种语言间的转换技巧。在英语翻译过程中，要确保翻译内容的一致性与完整性，确保在原有知识结构不发生改变的前提下完整地将文本呈现给受众。如若译文出现严重错误，或是严重改变了原文的意思，那么翻译将毫无意义。所以，忠实性原则是英语翻译必须遵循的原则之一。

（三）连贯性原则

英语翻译的本质是用目的语文字将源语文字转述给读者。但是语言需要遵循特定的表述技巧，无论是译文还是原文，均有完整的体系，均是由一定的语法以及语言结构衔接而成的。这就要求翻译者在翻译过程中对语言微观结构以及宏观结构进行分析与掌握，重视各个环节以及内部知识结构的衔接，让翻译出来的作品能够与受众语言运行习惯相符[a]。

三、目的论视角下的英语翻译策略

（一）了解受众需求，明确翻译目的

在目的论视角下，翻译时首先要明确翻译目的，在此基础上选择最适合的翻译手段与方法，以确保能够与受众需求相符。在翻译英语时，由于翻译活动不同，受众有所差别，这就决定了对英语翻译有了多样化需求。所以，翻译者在翻译过程中应当合理划分受众，将其分为不同级别与层次，并在翻译过程中根据不同级别与层次的具体情况来进行有目的的翻译。

（二）充分尊重目的语文化

首先，在进行英语翻译时，翻译者应当结合具体翻译目的和文本接受者的特点来进行文本的制作。如翻译文学文本时，应当侧重于语句的感染力和艺术性；翻译科技文本时，应当侧重语句的逻辑性和科学性，保证文本的科技含量；翻译公文文本时，应当侧重于语句的缜密与精细，做到语气正。总体来说，就是根据具体文本来进行有

---

[a] 杨雪. 浅谈英语教学中应用语言学的有效应用 [J]. 教育现代化，2018，5（11）：185-186.

目的的翻译，并且应当结合目的语情境与受众来合理调整翻译方法。其次，应当充分尊重目的语文化。全面理解目的语文化能够帮助翻译者将原文精准地翻译为容易被受众所理解、可用于交际的文本。如果在翻译过程中出现不尊重目的语文化或是不能准确理解译入语文化的情况，那么所翻译出来的文本就无法达到特定翻译目的或交际目的的作用。如目的语国家是美国时，three-day weekend 不可直接译为"三天的周末"，而应当对美国文化进行全面了解，认识到在美国，人们将周六、周日以及周一连在一起的假日称为"总统日"。

（三）英语语法与句式在翻译顺序上需严格遵照原文语言风格

为了确保英语翻译后文意不发生改变，我们应在英语语法与句式的翻译顺序中严格遵照原文语言风格。首先，在英语语法翻译顺序上，以被动语态为例。笔者研究发现，要想将英语被动语态这一语法顺序翻译得符合汉语使用习惯，其技巧在于可以使用"为""由"将句子翻译成主动句。如 Since desire and will are damaged by the presence of thoughts that do not accord with desire, he conclude: "We do not attract what we want, but what we are." 这一英语长句使用了被动语态，要想将其翻译得符合汉语使用习惯，只需将其译成主动句——和欲望不匹配的想法会导致我们毁灭，以此他得出一个结论："我们不能过分地期望更多，最重要的是要做好我们自己。"通过将其翻译成主动句可以让人明确掌握句意。其次，在英语句式翻译上，以较为常见的长句为例。笔者认为要想实现良好的翻译质量，其核心在于长句中必须注重主次顺序，这样一来，可以使人们在准确掌握长句基础上很好地理解原句意思。比如，在 However, Allen believed that the unconscious mind generates as the conscious mind, and while we may be able to sustain the illusion of control through the conscious mind alone, in reality we are continually faced with a question: "Why can not I make myself do this or achieve that？" 长句翻译中，其关键在于将句子所有主次顺序，即主谓宾这三个要素准确找出。

（四）重视专业术语的运用

一般情况下，英语文章类型多样，翻译时难免涉及较多的专业术语，所以在进行英语翻译时，务必要对专业语言进行准确把握，防止出现纰漏。如在翻译商务英语 At present the foreign exchange market in New York is very weak while the stock market is very strong 时，可以运用有关专业术语将其译为"当前纽约外汇市场较为疲软，但股市仍旧非常坚挺"。

（五）根据语言风格确定句式翻译顺序

汉语语法和英语语法有着巨大的差别，不但句子结构具有较大差异，而且语言语序也有所不同。在翻译长句子时，务必将句子顺序的特点进行全面考虑，将主语、谓语、宾语的位置确定下来。在翻译被动语态时，还可合理运用"为""由"等词语将译文准确地翻译出来，把被动语态转变为主动语态，从而提升翻译的合理性与科学性。

（六）严格按照译语文体进行翻译

现阶段我国英语翻译中的文体主要涉及商业、科技、文化艺术以及文学等方面，而结合实践来看，受表达严谨性、语言风格等多种因素的影响，它们在翻译中有着极大的差异。比如，国际贸易中商务翻译强调的是严格依据相关规范做到严谨准确；文化艺术中外文电影翻译上，根据影片的不同翻译要求又分为强调原著艺术性和通俗幽默性。例如，在美国电影动画《狮子王》中 Everything you see exists together in a delicate balance. 一句的翻译上，我们需要充分结合影片中辛巴父亲对辛巴讲出这句话时所处的背景，并根据狮子作为大草原中王者的背景展开翻译，译成："世界上所有的生命都在微妙的平衡中生存。"不但能够体现出老狮王对辛巴的教诲，也为影片后续情节中辛巴具备良好的性格做了铺垫。

目的论视角下的英语翻译有着极为重要的意义，不但能够有效弥补传统翻译中存在的不足，还能够大幅提升英语翻译的准确性与科学性。所以，在进行英语翻译的过程中，翻译者应当明确受众的实际需求，并以此为依据确定翻译目的，从而对翻译过程起指导作用。不仅如此，翻译者还应当充分了解与掌握译入语的文化、语言文化背景等内容，严格遵循相应的翻译原则，以不断满足受众的阅读需求，提高英语翻译的准确性。

第九节 英语翻译中的直译

针对翻译界的一些翻译原则及争议，为了强调直译在翻译中的重要性，追溯了直译存在的历史背景，探悉了其存在的条件、所适用的范围，并列举了大量的实例，充分展示并分析了直译的优点及巧妙之处，以及使用直译时应注意的方面，更加深刻地证明了直译的优点及存在的必要性。

翻译是指在语言准确通顺的基础上，把一种语言信息转变成另一种语言信息的活动。按照英语翻译的规则将翻译分为直译和意译。直译是指在语言条件许可下，在译文中不仅传达语言的内容，还尽可能完整地保留原文的修辞风格及组句形式的翻译方式。在翻译中，我们应把握的原则是：能直译就直译，不能直译再意译。

一、英语直译的历史背景

前秦时期重要的佛学经典翻译整理者释道安，由于他不懂梵文，翻译时唯恐译文失真，因此，他主张翻译时严格地字对字、词对词（word for word, line for line）翻译，也就是直译。当时的佛经《毗婆沙》就是按此方法翻译而成的。在近现代中国翻译史上，直译是压倒一切的准则。傅斯年、郑振铎都主张直译。鲁迅和其弟周作人的作品《域外小说集》被视为直译的代表。迄今为止，直译仍是最忠实于原文的人们广为沿用的翻译方式。

二、英语直译所适用的范围

原语和译语之间存在着内容和形式一致的可能性，这是直译存在的依据和理由。直译强调译文必须忠实于原文，只有这样，译文才能实现我们翻译界所遵循的原则"信""达"和"雅"。但直译并不是机械地逐字翻译。它既要求译者全面准确地阐明原作的含义，又不能使译文失真，也不能随意增加或删除原作的思想，同时还要保持原有的风格。有时甚至不能忽视原文的情绪或情感，如喜悦、兴奋、愤怒、窘迫、挖苦或讽刺都应展现得淋漓尽致。一般来说，如果原文的句型与译文的句法结构较接近，词序相同，句意明了的情况下就可以用直译。例如，如下的术语和词汇：dark horse——黑马，software——软件，hardware——硬件，cold war——冷战，to fight to the last man——战斗到最后一个人，to break the record——打破纪录，armed to the teeth——武装到牙齿，等等。

生活中一些术语及句子只能采用直译的方式来翻译。这样，译文既忠实于原文，又全面准确地阐明了原文所表达的含义，体现了原文作者所要表达的思想情感，并达到了翻译界所强调的"信""达""雅"的标准，直译应用在此，使译者轻松自如就能翻译出绝妙完美的内容，这正体现出了适当运用直译的巧妙之处。

三、英语翻译中使用直译的优点及巧妙之处

当然，比起意译来说，直译还有以下所列举的许多优点及巧妙之处：

①直译需要的技术程度更简单便捷。例如：Six years ago, we ever met there.（六

年前，我们曾经在那相遇过。)此句的翻译就不需要任何技术手段就能表达得非常清楚。②它能尽可能地忠实于原文。它不改变原文的意义、词序及风格，完全忠实于原文，使译文与原文更贴切、达意。例如：Mike, why don't we go and visit the flower show？（迈克，我们为什么不去看看花展呢？）③直译不仅能保持原作的特点，还可使读者逐步接受原作的文学风格。它能使读者更容易了解原作的思想和风格。例如：Hitler was armed to the teeth, but in a few years, he was completely defeated.（希特勒是武装到牙齿的，可是不过几年，就被彻底击败了。）此句中，"armed to the teeth" 运用直译翻译成"武装到牙齿"，保留了原作的思想风格。④直译有助于我们了解西方文化；同时，也有助于传播我们的民族文化，使西方人了解中国。例如：To kill two birds with one stone，"一石二鸟"；To shed crocodile tears，"掉鳄鱼的眼泪"；Chain reaction，"连锁反应"，就是英语直译过来的典型例子，这样翻译，既保存了原词的格调，即"异国情调"或"洋气"，又引进外国的一些新鲜、生动的词语、句法结构和表达方法，使我们的语言变得日益丰富、完善、精密。

四、英语翻译中使用直译时的注意事项

美国翻译理论家奈达认为，译文读者对译文的反应如能与原文读者对原文的反应基本一致，翻译就可以说是成功的，奈达还主张翻译所传达的信息不仅包括思想内容，还应包括语言形式。[a]因此，直译时，译者必须要注意许多问题：

①在直译中，忠实于原作的内容应放在第一位，其次是忠实于原作的形式，再次是翻译语言的流畅性和通俗性。②当我们进行翻译时，必须掌握原作的思想和风格，同时也必须把原作的思想和风格当作译语的思想和风格。③原作的理论、事实和逻辑也应当作译语的理论、事实和逻辑。我们不能用个人的思想、风格、事实、理论与逻辑代替原作的这些特征。④在翻译过程中，译语不要求等同于原语的数量和表现形式，但在内容方面要保持与原语一致，增减文字或意思要取决于表达方式和语言的特征，我们不能随便增减原作的文字、意义和表达思想。⑤直译时，我们应该竭力摆脱僵硬的模式并且严格坚持翻译准则，在此基础上，设法灵活运用。⑥直译必须具有可读性，也就是说，译文不会引起读者的误解，也不违反表达方式。以上都是我们运用直译时应把握的一些原则，它们就像一把把尺子，使我们在翻译时能够准确把握尺度，使译文准确、形象、贴切、完美，又不失原文的风格。

直译仅仅是译者在翻译过程中采取的翻译手段之一，在翻译工作中，直译和意译

---

[a] 彭萍. 实用语篇翻译：英汉双向 [M]. 北京：中国宇航出版社，2012.

是合作伙伴，是紧密相连的，直译的存在必须有其存在的依据和理由，也就是原语和译语之间仍存在着内容和形式一致统一的可能性时，才能用直译；否则，译文就会表达不出原有的含义而失真。因此，在翻译中，不能一意孤行地强调直译而忽略意译，在直译不能表达清楚原意的情况下，就要采用意译，要在实践中不断总结经验，灵活机动地运用适合原语的翻译方式。

第二章 英语翻译教学的技巧和方法

第一节 词汇层面上的翻译技巧和方法

翻译技巧无外乎从感性认识着手，向理性认识发展，再到准确、完整地表达原文的思想，以求一种质的飞跃。这犹如绘画艺术，从粗线条的勾画开始，侧重于形状结构；到按比例局部透视，着重于塑造形象，再到从整体考虑去完美地展现人物性格特征。实际上每一次翻译、创作过程都在不知不觉地运用翻译、创作的一些基本技巧。这些基本技巧决定了翻译或创作的质量，犹如作画过程，要正确处理明暗、虚实关系一样，翻译过程要十分清楚突出什么，抑制什么，方能相当细腻地、多层次地反映原作的精神风貌、理论精髓。

一、词义的选择、引申和褒贬

（一）词义的选择

在翻译过程中，首先碰到的问题是词义。英语中一词多义，汉语中一字多义，这是常见的语言现象。英国伦敦语言学派创始人弗思指出"Each word when used in a new context is a new word"（每个单词在新的语境中都是一个新词）。这充分体现了英语词汇的灵活性。

因此，正确选择词义成为翻译过程中极其重要的一步。

请看英语词汇"Fun"在下列词组中的含义：

run away	跑开	run down	撞倒
run out	用完	run a race	参加赛跑
run the streets	流浪街头	run a fever	发烧
run a factory	办工厂	run the risk of	冒险

run wild　　　　　　发狂　　　　　　　　run to seed　　变得不修边幅

由此可见"run"一词的含义极其丰富，除了本义"跑步"，还有许多意思。

再请看"way"在下列句子中的含义：

Which way do you usually go to town？

你进城一般走哪条路线？

The arrow is pointing the wrong way.

这个箭头指错了方向。

She showed me the way to do it.

她向我示范做这件事的方法。

I don't like the way he looks at me.

我不喜欢他那种样子看着我。

Success is still a long way off.

离成功还远着呢。

We must not give way to their demands.

我们决不能对他们的要求让步。

汉语词汇也是如此，下面请看"上"的例子：

上班——go to work

上当——be taken in

上课——attend class

上年纪——be getting on in years

上市——come on the market

再请看"轻"在下列句子中的含义：

这件大衣很轻，但非常暖和。

This coat is light but very warm.

易碎品——小心轻放。

Fragile——handle with care.

他年纪虽轻，但做事非常负责。

He is young at age but very responsible in work.

不要轻看自己。

Don't belittle yourself.

不要轻易做出选择。

Don't make choices so easily.

今天我有些轻微地头疼。

I've got a slight headache today.

不难看出，翻译中选义的难易程度有多方面的因素在起作用。除了语言工具书可以帮助翻译，更重要的是，要借助具体的语境。

（二）词义的引申

所谓词义的引申，指的是在一个词所具有的基本词义的基础上，进一步加以引申，选择比较恰当的汉语词来表达，使原文的思想表现得更加准确，译文更加流畅。词义引申主要使用词义转译、词义抽象化、词义具体化等方法实现。

1. 词义转译

有些词照搬辞典翻译会使译文晦涩、含混，甚至造成误解。这时就应根据句、文逻辑关系引申转译。如

（1）heavy 的基本词义是重，heavy crop 引申为大丰收，heavy current 引申为强电流，heavy traffic 引申为交通拥挤等。

（2）sharp 的基本词义是锋利的、尖的，sharp eyes 引申为敏锐的目光，sharp image 引申为清晰的形象，sharp voice 引申为刺耳的声音，sharp temper 引申为易怒的脾气等。

2. 词义抽象化

英语中常常用一个表示具体形象的词来表示一种属性、一个事物或一种概念。翻译这类词时，一般可将其词义做抽象化的引申，译文才能流畅、自然。如

（1）Every life has its roses and thorns.（每个人的生活都有甜有苦。）roses 和 thorns 抽象化后引申为"甜"和"苦"。

（2）We have to cut through all of the red tape to expand to the French market.（我们必须克服所有的繁文缛节，开拓法国市场。）

（3）Mary stands head and shoulder above his。classmates in playing tennis.（玛丽打网球的水平在班里可以说是"鹤立鸡群"。）head and shoulder 抽象化后引申为"鹤立鸡群"。

3. 词义具体化

英语中许多词意义较笼统、抽象，根据汉语表达习惯，引申为意义较明确、具体的词。这样，译文表达清晰、流畅、更加形象生动。如：

（1）The car in front of me stopped and I miss the green.（我前头的那辆车停住了，

我错过了绿灯。）green 具体化后引申为"绿灯"。

（2）The big house on the hill is my ambition. 山上的那间大屋是我渴望得到的东西。（ambition 具体化后引申为"渴望得到的东西"）

（三）词义的褒贬

为了忠实于原文，仅查看词典是不够的。译者还必须正确理解原文背景，了解其思想内容乃至其政治观点等，然后选用适当的语言手段来加以表达。原文中有些词本身就含有褒义和贬义，译者在翻译时要相应地将其表达出来，但有些词孤立起来看是中性的，而放在上下文中揣摩则可增添其褒贬色彩，译者在翻译时也应恰如其分地将其表达出来。

英语中有些词不具有褒贬色彩，但根据语言表达的需要，翻译时要译出褒义或贬义达到更加忠实原文的目的。

（1）reputation

a. I'm very lucky to attend this college with an excellent reputation.

录取到这所享有盛誉的学校，我很幸运。（褒义）

b. He was a man of integrity, but unfortunately he had a certain reputation.

他是一个正直真实的人，但不幸有某种坏名声。（贬义）

（2）ambition

a. My sister worked so hard that she achieved her great ambitions.

我姐姐如此努力工作，最终实现了自己的抱负。（褒义）

b. Ambition dominated their lives.

他们的生活受野心驱使。（贬义）

（3）demanding

a. This old professor has been persisting in his demanding research job.

这位老教授一直都不懈努力地追求着他的研究课题。（褒义）

b. As a demanding boss, he expected total loyalty and dedication from his employees.

他是个苛刻的老板，要求手下的人对他忠心耿耿，鞠躬尽瘁。（贬义）

二、词类的转换

在翻译实践中，要做到既忠实于原文又符合译文的语言规范，就不能机械地按原文词类"对号入座"，逐字硬译，而需要适当改变一些词类，即把原文中属于某种词类的词在译文中转译成另一种词类。这就是我们现在要讨论的词类的转换。

词类转换在英译汉或汉译英中都是非常重要的手段之一，运用得当，可使译文通顺流畅，符合英汉习惯。现将英译汉以及汉译英时最常见的词类转换介绍如下：

（一）名词的转换

英语中名词使用的概率相对汉语较高，而且词义相当灵活：翻译时要从其基本意义出发，符合汉语习惯，联系上下文加以词类转换等灵活处理。通常英语名词可转译成汉语动词、形容词或副词。

1. 英语名词转译成汉语动词

（1）由动词派生的英语名词常常转译成汉语动词。例如：Her decision to retire surprised us all.（她决定退休，我们大为惊讶。）

（2）具有动词意义的英语名词常常转译成汉语动词。例如：Every morning, she would go to the park for a walk.（每天早晨，她都要去公园散步。）

（3）表示身份或职业的英语名词常常转换成汉语动词。例如：She was a winner in this competition with her amazing performance.（凭着她出色的表演，她赢得了这场比赛。）

2. 英语名词转译成汉语形容词

（1）由形容词派生的英语名词可转译成汉语形容词。例如：She is a real beauty.（她非常漂亮。）

（2）一些加不定冠词做表语或做定语的英语名词可转译成汉语形容词。例如：His promotion was a success.（这次促销活动是成功的。）

3. 英语名词转译成汉语副词

英语中有些意义抽象的名词可以转译成汉语副词。例如：It is our pleasure to note that China has made great progress in economy.（我们很高兴地看到，中国的经济已经有了很大的发展。）

（二）英语形容词的转换

英语形容词可转译成汉语动词、副词或名词。

1. 英语形容词转译成汉语动词

英语中有些表示知觉、欲望的心理状态的形容词做表语时，可以转译成汉语动词。例如：Doctors said that they were not sure they could save her life.（医生们说他们不敢肯定能否救得了她的命。）

2. 英语形容词转译成汉语副词

英语名词译成汉语动词时，修饰名词的形容词常常转译成汉语副词。例如：I like

having brief naps in the noon.（我喜欢在中午短短地睡上一小会。）

3. 英语形容词转译成汉语名词

（1）表示特征或性质的英语形容词可转译成汉语名词。例如：The more carbon the steel contains, the harder and stronger it is.（钢的含碳量越高，强度和硬度越大。）

（2）有些英语形容词前加上定冠词表示某一类人时，可转译成汉语名词。例如：They are going to build a school for the blind and the deaf.（他们将为盲人和失聪人修建一所学校。）

（三）英语副词的转换

英语副词可转译成汉语名词、形容词或动词。

1. 英语副词转译成汉语名词

有些英语副词因表达需要可转译成汉语名词。例如：He is physically weak but mentally sound.（他身体虽弱，但思想很健康。）

2. 英语副词转译成汉语形容词

有些英语副词因表达需要可转译成汉语形容词。例如：The film impressed me deeply.（这部电影给我留下了深刻的印象。）

3. 英语副词转译成汉语动词

有些英语副词因表达需要可转译成汉语动词。例如：Now, I must be away.（现在，我该离开了。）

（四）英语动词的转换

英语动词可转译成汉语名词或副词。

1. 英语动词转译成汉语名词

（1）英语中有些动词，特别是名词派生或名词转用的动词，在汉语中不易找到相应的动词，翻译时可将其转译成汉语名词。例如：Most students behaved respectfully towards their teachers.（大部分学生对老师的态度都很恭敬。）

（2）有些英语被动式句子中的动词，可以译成"受到/遭到……+名词"或"予以/加以……+名词"的结构。例如：He was snuffed by the top-ranking officials there.（他受到了那边高级官员们的冷遇。）

2. 英语动词转译成汉语副词

英语中有些动词具有汉语副词的含义，可以转译成汉语副词。例如：When I leave the house, I always watch out.（我出门时总是非常小心。）

（五）英语介词的转换

英语介词搭配多样，关系复杂，运用广泛，翻译时应根据上下文灵活处理，通常可转译成汉语动词。

例如：He is leaving for Beijing at 9 this morning.（今天上午 9 点他将动身去北京。）

（六）汉语动词的转换

1. 汉语动词转译成英语名词

汉语中动词使用相对频繁，而且常常几个动词连起来使用。而前面已提到，英语中名词使用相对较多，在汉译英时，可根据需要将汉语动词转译成英语名词。

例如：说来话长。（It is a long story.）

2. 汉语动词转译成英语形容词

汉语中一些动词往往可以转译成英语形容词，常用"be+ 形容词"来表达。

例如：他连续 24 小时上网，这可说不过去。（He has been on line for 24 hours in a row.This is inexcusable.）

3. 汉语动词转译成英语介词或介词短语

介词的使用在英语中也非常灵活，在汉译英时，可根据需要将汉语动词转译成英语介词或介词短语。

例如：如果遇到火警，首先要切断电源。（Break the circuit first in case of fire.）

4. 汉语动词转译成英语副词

同样，有些汉语动词也可用英语副词来表达，用词更加简明，意思也非常准确。

例如：灯开着，但没有人在家。（The light was on，but nobody was in.）

（七）汉语名词的转换

有些汉语名词在翻译时，也可转译成英语动词。但是，需注意的是，如果汉语前有形容词修饰语，则也要随之转换成英语副词。

例如：他的呼吸有大蒜的味道。（His breath smells of garlic.）

（八）汉语形容词或副词的转换

汉语形容词或副词可以转译成英语名词，这主要是语法结构或修辞上的需要。

例如：思想交流是十分必要的。（Exchange of ideas is a vital necessity.）

三、语序的变换

语序的变换指的是在理解原文的基础上，打破原有的词语顺序，完全按照译语的行文习惯，重新安排词语顺序并组织译文的一种翻译技巧。这种技巧的使用比较广泛，尤其在定语及状语的翻译过程中特别突出。这里着重介绍：定语的换序、状语的换序以及其他情况的换序。

（一）定语的换序

英语的定语位置比较灵活，可前置，也可后置。而汉语中的定语则相对固定，一般倾向于前置，下面是定语的几种换序译法。

1. 单词做定语

（1）单个单词做定语。英语中由 -thing，-body，-one 等构成的不定合成代词定语，-able，-ible 等构成的形容词。定语以及某些副词或固定搭配等定语，一般放在所修饰的名词后面；而汉语一般放在所修饰的名词前面。

例如：

something important 重要的 事情
　　1　　　　2　　　　2　　　1

（2）多个单词做定语

当名词前出现多个定语时，英语中的语序与汉语不同。英语中其定语的语序由小到大、由弱到强、由次要到主要、由一般到专有，意思越具体，物质性越强，就越靠近名词。一般为：限定词 + 一般描绘性形容词 + 表示大小、高低、长短的形容词 + 表示颜色的形容词 + 表示国籍、地区、出处的形容词 + 表示物质、原材料的形容词 + 表示用途、类别的形容词 + 名词中心词；而汉语则要仔细斟酌排序。

例如：

practical social activities 社会 实践 活动
　　1　　　2　　　　　　　　2　　　1

2. 短语做定语

英语中由短语构成的定语，一般放在中心词后面；而汉语则一般放在中心词前面。

例如：

<u>an article</u> <u>on the ancient Chinese history</u>　<u>关于中国古代史的</u> <u>文章</u>
　　　　1　　　　　　　2　　　　　　　　　　　　1

3. 从句做定语

英语中从句做定语是一种较普遍的句型结构，该从句放在中心词后面；而汉语则一般放在中心词前面。

例如：

I dislike <u>women</u> <u>who chattered incessantly</u>.
　　　　　1　　　　　2

我不喜欢<u>整天叽叽喳喳说个不停的</u> <u>女人</u>。
　　　　　　　2　　　　　　　　　1

（二）状语的换序

英语的状语位置富于变化，可位于句首、句中，也可位于句尾。而汉语中的状语位置也不太固定，但一般不放在句尾。因此，有些状语的语序在翻译中必须进行调整。下面是状语的几种换序译法。

1. 单词做状语

（1）描述性副词做状语。当描述性副词修饰行为动词，语序通常需调整。

例如：

She <u>looked at us</u> <u>suspiciously</u>.
　　　　1　　　　　2

她 <u>猜疑地</u> <u>看着我们</u>。
　　　2　　　1

（2）程度副词做状语

当程度副词 nearly，almost，hardly 等修饰 be 动词或带有情态动词的行为动词时，以及程度副词 enough 修饰形容词或副词时语序通常需调整。

例如：

She <u>is</u> <u>really</u> a good manager.
　　　1　　2

她 <u>的确</u> <u>是</u>位好经理。
　　　2　　1

2. 短语做状语

（1）时间状语或地点状语。英语中时间状语或地点状语的排列顺序通常由小至大，而汉语常常相反。

例如：

She was born on <u>July 13</u>，<u>1988</u>.
　　　　　　　　　　1　　　　2

她是 <u>1988 年</u> <u>7 月 13 日</u>出生的。
　　　　2　　　　　　1

（2）时间状语、地点状语和方式状语。当时间状语、地点状语和方式状语同出现在一句中时，英语中的排列顺序通常是：方式状语—地点状语—时间状语，而汉语中的排列顺序通常是：时间状语—地点状语—方式状语。

例如：

She reads <u>aloud</u> <u>in the open</u> <u>every morning</u>.
　　　　　　1　　　　　2　　　　　　3

她 <u>每天早晨</u> <u>在室外</u> <u>大声朗读</u>。
　　　3　　　　2　　　1

（三）其他情况的换序

1. 固定表达

英汉两种语言各自形成了一些固定的并列关系的词语。例如：

（1）<u>you</u>，<u>he</u> and <u>I</u>　　<u>我</u> <u>你</u> <u>他</u>
　　　　1　　　2　　　3　　　3　1　2

（2）<u>sooner</u> or <u>later</u>　　<u>迟</u> <u>早</u>
　　　　1　　　　　2　　　　2　1

2. 其他句子成分

英语中还有其他一些类型的句子在一定情况下也需采用换序译法，如一些后置主语、某些同位语、表语、插入语及某些被动语态的句子。例如：

（1）It's nice to sit quiet here for a little while.（静静地在这里坐一会儿真好。）后置主语的换序。

（2）A thin and weak girl susceptible to diseases, she wrote one inspiring novel with her strong will.（她，一个瘦弱多病的女孩，以她坚强的毅力写出了一部催人奋进的小说。）同位语的换序。

（3）The smaller the thing the less the pull of the gravity on it and the less the weight.（物体越小，地心引力对它的吸力就越小，重量也就越轻。）表语的换序。

四、正反、反正译法

任何民族的思维都有肯定与否定之分，但各自表达肯定与否定的方式却不尽相同，英、汉两种语言的使用者也不例外。比如，在表达否定意义时，汉语没有严格意义上的形态变化，表达形式较为简单，易于辨认，几乎所有表达否定意义的词语中都含有明显的否定标志"不""无""非""莫""勿""未""否""别""没有"等。英语则不同，其否定形式要复杂得多，除了使用否定词外，还有一些独特的表现手段，如大量使用否定词缀（如 dis-，il-，in-，non-，un-，-less 等）和形式肯定、意义否定的各类词语（如 fail，deny，defy，miss，lack，ignore，but，except，beyond）、短语（如 instead of，in place of 等）或其他结构（如 more…than…，other than…，rather than... 等）。由于英汉两种语言表达否定意义时在形式上存在这么多差异，因此翻译时有必要采用正反、反正译法，就是指英语有些从正面表达的词或句子，译文可以从反面来表达。英语有些从反面表达的词或句子，译文又可以从正面表达。采用这种表达法不仅使语言更生动流畅，而且效果更佳。

（一）英译汉正说反译法

英语从正面表达，汉语从反面表达。将英语的肯定形式译成汉语的否定形式这一技巧称之为英汉的正、反表达。英语中表示否定并不一定都要使用 no，not，nor，neither，never 等词来否定谓语，多数时候往往借助其他含有否定意义的词类来否定句子的某个成分，这样，谓语部分就以肯定形式出现。翻译时运用这一方法可使译文合乎汉语规范，更恰当地表达原文的意思。例如，correct 可译成"没有毛病，wonder 可译成"不知道"，difficult 可译成"不容易"，exactly 可译成"一点不错"，anything but 可译成"一点也不"，等等。

例如：

1.Stop talking.

不要讲话。（停止说话。）

2.Wet paint!

油漆未干！（湿油漆。）

（二）英译汉反说正译法

英语从反面表达，汉语从正面表达。当否定句译成肯定句更能表达原文含义，使译文更加明晰，自然流畅时，应译成肯定句。英语中含有否定词语的结构和双重否定的结构翻译时往往可以从正面表达。例如，unfasten——解开，dislike——厌恶，displease——使人生气，indecisive——优柔寡断的，fearlessly——大胆地等一些副词、形容词、名词、短语以及英语里一些表达否定意思的词或词组："no""not""not...until""no less than""no more than""nothing but""cannot...too"等。

例如：

1.Never too old to learn.

活到老，学到老。

2.The problem is still unsolved till now.

这个问题至今尚待解决。

（三）汉译英正说反译法

将汉语的肯定形式译成英语的否定形式这一技巧称之为汉、英的正说反译。汉、英两种语言正、反表达方式的不同是由于心理文化的差异和思维方式的不同所致。因此，汉语的肯定形式常译为英语的否定形式是不足为奇的。

例如：

1. 把鞋带系上。

Don't unstring your shoes.

2. 他们对此项建议提出了异议。

They signed a disagreement on this suggestion.

（四）汉译英反说正译法

由于汉语在表达否定概念时所使用的词汇手段、语法手段，甚至语言逻辑等方面都与英语有所不同，如任何时候都把汉语的否定形式译成英语的否定形式，有时译文就会不通顺，或者不符合英语表达习惯，严重时还会导致错误。英语中表示否定并不一定都要使用否定词 no，not，nor，neither，never 等来否定谓语，多数时候往往借助其他含有否定意义的词类来否定句子的某个成分，这样，谓语部分就以肯定形式出现。

例如：

1. 说什么我也不去。

I'll be damned if I go.

2. 他绝不会说出这样的话。

He was the last man to say such things.

五、增译、减译法

作为翻译的一个普遍原则,译者不应对原文的内容随意增添或缩减。不过,由于英、汉两种语言文字之间所存在的悬殊差异,在实际翻译过程中很难做到词字上的完全对应。因此,为了准确地传达出原文的信息,译者往往需要对译文做一些增添或删减,把原文中隐含的一些东西适当增补出来,或删去一些可有可无、不符合译文习惯表达法的词语,以便于读者理解。

(一)增译

增译法是指在保持原文思想内容完全一致的前提下,在译文上做必要增补,增加一些原文字面上没有的词、词组甚至句子,更加忠实流畅地表达原文的意思。英译汉的增词主要是出于汉语表达的需要,用增词法译出原文所省略的词语,增添必要的连接词、量词或复数概念、表现不同的时态或先后顺序的词,或从修辞连贯等方面考虑,使译文的遣词造句符合汉语的表达习惯。

1. 增加动词、名词、形容词或副词

例如:

(1) He ate and drank for he was exhausted.

他吃点东西,喝点酒,因为他疲惫不堪。(增加名词)

(2) The plane twisted under me, trailing flame and smoke.

飞机在下面扭动盘旋,拖着浓烟烈焰掉了下去。(增加形容词)

(3) He dismissed the meeting without a closing speech.

他没有致闭幕词就宣布结束会议。(增加动词)

(4) He sank down with his face in his hand.

他两手蒙着脸,一屁股坐了下去。(增加副词)

2. 增加量词

(1)英语中的数字常直接与名词连用,汉语表示时却通常需要不同的量词来修饰。例如:The students have their class in a bright classroom.(学生们在一间明亮的教室里上课。)

(2)英语中有些动词或动作名词,译成汉语动词时需增加一些表示动作、行为的动量词。例如:Now that you are tired, let's have a rest.(既然你们都累了,我们还是休息一下吧。)

3. 增加表示名词复数的词

汉语名词的复数没有词形的变化，但如果需要强调复数的概念，可以通过增词来实现。比如，可以在表示人的名词前加"各"，或在其后加"们"。还可以用重叠词来表达复数，如"种种"等。

例如：He is the least flamboyant of the Republican contenders.（共和党各个角逐者中，他是最不受瞩目的。）

4. 增加语气助词

汉语是借助词汇手段表意的语言，因此，增译法就成为我们表达英语情态的不可或缺的方法。在英汉翻译中，经常需要增添语气助词，如"了""啊""呀""嘛""吧""吗"，来补足句子情态的需要；除此之外，还经常会视情况添加适当的虚词如"罢了""而已""究竟""到底""才好"等。

例如：Let's do it in the way of business.（这件事我们还是按生意场的老规矩办吧。）

5. 增加表示不同时态的词

英语动词有时态，语气的变化，而汉语却没有对等的表现形式，翻译时常常要靠增加一些时态和语气的词才行。

例如：现在时："现在""目前"；

将来时："将""要""会""就"；

过去时："过去""以前""曾经""那时"；

完成时："曾（经）""已（经）""过""了"等。

6. 增加表示语态的词

英语多被动句，而汉语多主动句。英语被动句译成汉语主动句时，需增加一些表示被动的词，如"被""便""由""受到""得到""遭到"等。或增加主语，如"人们""我们""大家""有人"等。

例如：At the end of the month he was fired for incompetence.（月底，他因不胜任工作而被解雇了。）

7. 增加概括词或承上启下的词

英汉两种语言都有概括词，在基本译文的基础上加上适当的表示"概括性"的词，其目的是使译文概念进一步明确，而且可以使上下文的连贯性得到进一步加强。

例如：The frequency wave length and speed of sound are closely related.（频率、波长和声速三者是密切相关的。）（增加概括词）

8. 增加关联词

英语中关联词的使用不如汉语中使用得那么频繁，英语原句有时可利用某些如不定式，分词和独立结构等语法形式表达某些成分之间的逻辑关系，但汉译时一定要选用合适的关联词，准确表达其确切含义。

例如：Heated water will change to vapor.（如水受热，就会汽化。）

（二）减译

减译法又称省略法，是与增词法相对应的翻译方法。一般来说，汉语较英语简练。英译汉时，许多在原文中必不可少的词语要是原原本本地译成汉语，就会成为不必要的冗词，译文会显得十分累赘。因此减译法在英译汉中使用得非常广泛，其主要目的是删去一些可有可无，不符合译文习惯表达法的词语，如实词中的代词、动词的省略，虚词中的冠词、介词和连词的省略等。

1. 省略代词

（1）省略做主语的代词。英语中通常每句都有主语，因此人称代词往往作为主语会多次出现。而汉语中如果后句和前句的主语相同，就可以省略主语，所以英语的人称代词译作汉语时，常常可以省略。

例如：We live and learn.（活到老，学到老。）

（2）省略人称与主语一致的代词。英语中有些人称与主语一致的物主代词，不管前面是否提到过，翻译时往往都可以省略。

例如：I went up to him and held out my hand.（我向他走过去，伸出了手。）

2. 省略非人称和强调句中的 it

it 用于非人称和强调句中，汉译时往往可以省略不译。

（1）省略非人称用法的 it。例如：Outside it was pitch dark and it was mining cats and dogs.（外面一团漆黑，大雨倾盆。）

（2）强调句中用法的 it。例如：It was she who had been wrong.（错的是她。）

3. 省略连接词

英语重合形，句中各意群、成分之间都用适当连接词连接，组成句子。句子与句子之间也由连接词组成复合句，形式上比较严谨；汉语则重合意，即更多地依靠语序直接组合成复合句，用逻辑意义将其句子成分、句与句贯穿起来，结构灵活、简洁。因此，英译汉时很多情况下不必把连词译出。

（1）省略并列连词。例如：Early to rise and early to bed makes a man healthy.（早睡早起使人身体健康。）

（2）省略表示原因的连接词。英语因果句中一般用连接词表示原因，而汉语则往往通过词序先后来表示因果关系，"因"在前，"果"在后。因此，英译汉时往往可以把原文中这种连接词省略不译。例如：As it is late, you had better go home.（时间已不早了，你最好回家去。）

（3）省略表示条件的连接词。表示条件的连接词 if，一般译为"假如""如果"等，但在日常口语体或文言文结构中，往往可以省略不译。

例如：If winter comes, can spring be far behind? （冬天来了，春天还会远吗？）

（4）省略表示时间的连接词。表示时间关系的 when 和 as 等，汉译时一般用"当……时"，或仅用"时"。但如汉语时间先后次序明显，为了简略起见，"当……时"或"时"往往可以省略。

例如：The day when he was born remains unknown.（他出生的日期仍然不知。）

4. 省略冠词

英语中凡是指全体、天地间唯一的事物、最高级形容词及特定的普通名词，一般都要在前面加定冠词（指全体亦可加不定冠词或用复数名词），根据汉语习惯，皆不必译出。

例如：A camel is much inferior to an elephant in strength.（骆驼的力量不如大象。）

5. 省略介词

通常介词在不同的情况下会代表不同的意思，如 in, on, at 等词便是，千万不可一见这些词就一视同仁。

例如：Suddenly, there came a knock to the door.（突然响起了敲门声。）

第二节　句子层面上的翻译技巧和方法

英语文体各异，句型复杂，长句的出现频率高、逻辑性强，给译者增添了许多困难。然而，英语语言具有"形合"的特点，无论多长、多么复杂的结构，它们都是由一些基本的成分组成的。译者首先要找出句子的主干结构，弄清楚句子的主语、谓语和宾语，然后再分析从句和短句的功能，分析句子中是否有固定搭配、插入语等其他成分。最后，再按照汉语的特点和表达方式组织译文，这样就能保证对句子的正确理解。下面将着重探讨被动语态、定语从句、状语从句的翻译技巧。

一、被动语态翻译

英语中被动语态使用范围很广，凡是在不必说出主动者、不愿说出主动者、无从说出主动者或者是为了便于连贯上下文等情形下，往往都用被动语态。汉语中虽然也有被动语态，但是使用范围狭窄得多。英语中被动语态的句子，译成汉语时，很多情况下都可译成主动句，但也有一些可以保留被动语态。

1. 转换成主动语态

在有些情况下，可变换语态，将原来的被动语态转换成主动语态，使译文明确易懂。

（1）A contingency plan against bankruptcy was hastily drawn up.

译文：防止破产倒闭的应急计划很快制订出来了。

（2）The special challenge that advertising presents can be illustrated by a statement made by the president of a major advertising agency in New York.

译文：纽约一家主要广告公司的总裁所做的陈述，可以阐释当前广告业所面临的特殊困难。（原文中被动语态译为主动结构，原文中的主语在译文中做宾语。）

（3）This Contract is made by and between the Buyer and the Seller, whereby the Buyer agrees to buy and the Seller agrees to sell the under mentioned commodity according to the terms and conditions stipulated below.

译文：买卖双方同意按下列条款买卖下述商品，并签订本合同。

2. 保留被动语态

在进行英译汉时，语态不变，仍然保持原来的被动语态，但译者常常需要在主谓语之间加上一些汉语中表示被动的介词，如"被……""给……""受……""让……""为……所……""遭……"等。例如：

（1）Competition in business is regarded to be a means to earn money.

译文：商业竞争被认为是一种挣钱手段。

（2）Although Americans today are likely to think that Alger's stories are too good to be true, they continue to be inspired by the idea of earning wealth and success as an entrepreneur who makes it on his own.

译文：尽管今天美国人有可能认为阿尔杰的故事好得令人难以置信。但是他们却依然为那种自力更生赢得财富和成功的企业家精神所鼓舞。

句中的"they continue to be inspired by the idea of earning wealth and success as an entrepreneur who makes it on his own"采用的是被动语态，在翻译成汉语时，可以保持

原来的语态，只是在主谓语之间加上汉语中表示被动的介词："为……所"就可以了。

3. 译成无主句

例如：

（1）Your early confirmation would be greatly appreciated.

译文：万分感谢您能早日给予确认。

（2）On the whole such a conclusion can be drawn with a certain degree of confidence, but only if the child can be assumed to have had the same attitude towards the test as the other with whom he is being compared, and only if he was not punished by lack of relevant information which they possessed.

译文：总的来说，得出这种结论是有一定程度把握的，但必须具备两个条件：能够假定这个孩子对测试的态度和与他比较的另一个孩子的态度相同；他也没有因为缺乏别的孩子已掌握的有关知识而被扣分。

（3）Great efforts should be made to inform young people especially the dreadful consequences of taking up the habit.

译文：应该尽最大努力告知年轻人吸烟的危害，特别是染上烟瘾后的可怕后果。

赏析：上述三例使用的是被动语态，句子中没有施动者。在进行翻译时，可以将其翻译成汉语的无主句。

4. "A be done"结构的处理

有时由于种种原因，英语被动句中省略了谓语动词的施动者，构成"A be done"结构。如果翻译时将其转换成主动语态，就变成了"do A"结构。在这种情况下，往往需要加上泛指性的主语，如"我们""人们""大家""有人"等，或者将其翻译成汉语的无主句。

（1）The daily closing balance per account shall be checked against actual cash on hand.

译文a：每日终了，我们应结出账面余额，并与实际库存核对相符。

译文b：每日终了。应结出账面余额，并与实际库存核对相符。

上句使用的是被动语态，句子中没有施动者。在进行翻译时，可以在句首加上泛指性主语"我们"，如译文a，也可以将其翻译成汉语的无主句，如译文b。

（2）It is essentially stressed that the Buyers are requested to sign and return the duplicate of this Contract within 3 days from the date of receipt. In the event of failure to do this, the Sellers reserve the right to cancel the Contract.

译文：必须强调：买方应于收到本合同之日起3日内签字并返还合同的副本，如买方不这样做，卖方保留取消合同的权利。

总之，正确理解与翻译英语复合句是英语翻译的重点之一，而要正确理解与翻译这些句子，关键是要准确划分原文句子结构，正确理解英汉两种语言在结构、语序以及语态方面的差异。要能正确处理好句子中各成分之间的复杂语法修饰关系和内在逻辑关系，还需要我们在商务翻译实践中不断地进行探索。

二、定语从句的翻译

英语中，定语从句分成限制性从句与非限制性从句两种，在句中的位置一般是在其所修饰的先行词后面。限制性定语从句与非限制性定语从句的区别主要在于限制意义的强弱。而汉语中定语作为修饰语通常在其所修饰的词前面，并且没有限制意义的强弱之分，因此，限制与非限制在翻译中并不起十分重要的作用。英语中多用结构复杂的定语从句，而汉语中修饰语则不宜臃肿，所以，在翻译定语从句时，一定要考虑到汉语的表达习惯。如果英语的定语从句太长，无论是限制性的或非限制性的，都不宜译成汉语中的定语，而应用其他方法处理。英语中单个词做定语时，除少数情况外，一般都放在中心词前面；而较长的定语如词组、介词短语、从句做定语时，则一般放在中心词后面。在了解英汉两种语言差异的基础上，以下介绍几种适合商务句子的翻译方法。

1. 前置法

前置法即在英译汉时把定语从句放到所修饰的先行词前面，可以用"的"来连接。既然定语从句的意义是做定语修饰语，那么在翻译的时候，通常把较短的定语从句译成带"的"的前置定语，放在定语从句的先行词前面。在商务翻译实践中，我们发现前置法比较适合翻译结构和意义较为简单的限制性定语从句，而一些较短的具有描述性的非限制性定语从句也可采用前置法，但不如限制性定语从句使用得普遍。例如：

（1）The role of selling in our society is to identify and provide the goods and services that will satisfy the needs and wants of the consumers.

译文：销售在社会中的作用就是识别并提供那些能够满足消费者需求的商品和服务。

解析：在这句话中，限制性定语从句 that will satisfy the needs and wants of the consumers 用来修饰其名词中心词 goods and services。该定语从句比较短，我们在翻译时往往将其前置到先行词前面，使译文符合汉语的表达习惯。

（2）In an urban culture, where mobility is valued, and land is not an issue, female talents are more emphasized.

译文 a：在现代城市人的观念中，价值就是流动性，与土地无关，人们更加注重的是女性的才能。

译文 b：在重视流动性且土地不成为其问题的城市文化中，女性的才能更受重视。

解析：该句中"where mobility is valued, and land is not an issue"为非限制性定语从句。非限制性定语从句通常有两种译法：一是译成前置结构放在所修饰的先行词前面；二是后置或译成并列的分句，或单独成句。译文 a 采用后置法，按照英文原文的顺序翻译，令人感觉含义不明；而译文 b 译为"的"字结构，置于先行词之前，更符合汉语表达习惯。

2. 后置法

后置法即在英译汉时把定语从句放在所修饰的先行词后面，翻译为并列分句。英语的定语从句结构常常比较复杂，如果译成汉语时把它放在其修饰的先行词前面的话，会显得定语太臃肿，而无法叙述清楚。这时，可以把定语从句放在先行词后面，译成并列分句，重复或者省略关系代词所代表的含义，有时还可以完全脱离主句而独立成句。例如：

（1）The importer can sell the goods to a new buyer while they are being carried by means of negotiable shipping documents which are very convenient for use.

译文 1：进口商可以通过使用起来非常方便的可转让的运输单据将货物在运输途中卖给新的卖方。

译文 2：进口商可以通过可转让的运输单据将货物在运输途中卖给新的卖方，这类可转让单据用起来非常方便。

解析：译文 1 中将"which"引导的限制性定语从句前置，显得累赘拗口；而译文 2 采用后置的方法，重复先行词"negotiable shipping documents"，使得译文表意明确。

（2）The fact that these early entrepreneur built great industries out of very little made them seem to millions of Americans like the heroes of the early frontier days who went into the vast wilderness of the United States and turned the forests into farms, village, and small cities.

译文：这些早期的企业家几乎白手起家却创造了宏大的产业，在千百万美国人看来，他们恰如早期拓荒时代的英雄，走进美国一望无际的荒野，将森林变成了农场、村庄和小城镇。

解析：在这句话中，限制性定语从句"who went into the vast wilderness of the United States and turned the forests into farms, villages, and small cities"用来修饰其先

行词"heroes of the early frontier days"。该定语从句较长，如果将其前置译成定语的话，译文比较累赘，也使人很难理解。在这种情况下，将定语从句从引导词 who 这里与主句拆开来，译成并列的分句并省略先行词，译文简洁明了。

（3）The strong influence of the Success stories of the early entrepreneurs on the masses of Americans can be found in the great popularity of the novels of Alger, which were published in late nineteenth and early twentieth century America.

译文：阿尔杰的小说大受欢迎，我们可以从中发现早期企业家的成功故事对美国大众所产生的强烈影响。这些小说于 19 世纪末 20 世纪初发行于美国。

解析：在该句中，非限制性定语从句"which were published in late nineteenth and early twentieth century America"修饰中心词"the novels of Alger"。译文采用后置法，将定语从句和主句拆开来译。定语从句重复先行词，并独立成句。

（4）China's patriarchy is a feudal holdover, scholars say, where land equals power Male children inherited land.

译文 a：学者们说，中国的男权统治是一种土地就是权力的封建残余。土地是由男孩继承的。

译文 b：学者们说，中国的男权统治是一种封建残余，在封建社会，土地就是权力，而土地是由男孩继承的。

解析：该非限制性定语从句虽然不长，但是 where 在该句中指代的是"封建统治下的中国"，如果采用前置法，如译文 a，会造成对先行词的限定过窄。而译文 b 没有单纯重复先行词，而是转译为"封建社会"，与原文表意一致。

3. 融合法

融合法即把主句和定语从句融合成一个简单句，其中的定语从句译成单句中的谓语部分。由于限制性定语从句与主句关系较紧密，所以，融合法多用于翻译限制性定语从句，尤其是"there be"结构带有定语从句的句型。例如：

（1）We are a nation that has a government—not the other way around.

译文：我们这个国家有一个政府，而不是倒过来——政府有一个国家。

（2）Still, XianDai executives returned home with growing fears that their Chinese rivals are closing the technological and design gap with the republic of Korea—a development that could be disastrous for the company.

译文：然而，现代汽车的高管回到韩国后，越来越担心中国竞争对手正在科技和设计方面缩小与韩国的差距，对该公司而言，这种发展可能是灾难性的。

解析：上述两例均含有限制性定语从句。主句和定语从句关系密切，但强调的重点在定语从句。翻译时将主语译为名词词组，将定语从句译为谓语部分，关系词 that 省略，构成主谓结构。

（3）Most of the staff, who have hand signals spelling "welcome" printed on the back of their T-shirts, used to spend their days shut off from the public in special workshops for the handicapped, making things like jewellery or packaging.

译文：（咖啡屋）大多数工作人员在 T 恤衫后背上印有表示"欢迎"的手势，他们过去过着与公众隔绝的日子，在为残疾人开设的特殊车间里生产珠宝之类的东西或负责包装。

解析：该例非限制性定语从句的翻译亦使用融合法。译文将主句的主语与非限制性定语从句融合在一起，重新组合成句。

4. 状译法

英语的定语从句与汉语中的定语还有一个不同的地方，那就是，英语中有些定语从句和主句关系不密切，它从语法上看是修饰定语从句的先行词的，但限制作用不强，实际上是修饰主句的谓语或全句，起状语的作用。也就是说，有些定语从句兼有状语从句的功能，在意义上与主句有状语关系，表明原因、结果、目的、让步、假设等关系。在这种情况下，需要灵活处理，在准确理解英语原文的基础上，弄清楚逻辑关系，然后把英语中的这些定语从句翻译成各种相应的分句。因此，我们应视情况将其翻译成相应的状语从句，从而更清晰明确地传达出原文中的逻辑关系。

（1）An automatic production line is excellent for the automotive industry where thousands of identical parts are produced.

译文：自动生产线非常适用于汽车工业，因为那里要生产成千上万个同样的零件。

解析：在这句话中，"An automatic production line is excellent for the automotive industry"是主句，"where thousands of identical parts are produced"为限制性定语从句。从语法意义上看，该定语从句修饰其前的先行词"the automotive industry"，但是从逻辑意义上看，该定语从句与主句之间为因果关系。译文将该定语从句转译成原因状语从句，清晰明确地显示句子间的逻辑关系。

（2）I think it will grow even on non-irrigated land where there is a forest belt.

译文：我想即使在没有灌溉的土地上，只要有一条树林带，它还是会生长的。

（3）The two sides were edging toward an improvement of relation that in time could be capped by a high-level American visit to Moscow, perhaps even a presidential visit.

译文：双方一步一步朝改善关系的方向前进，以便一旦时机成熟，就可以有一位美国高级人士访问莫斯科，也许甚至是总统亲自出访。

解析：该定语从句含有表示双方改善关系的目的，故译为目的状语从句。

（4）Efforts to bring industrial development to what was a backward agricultural area caused a population boom and a shortage of housing, which local builders tried to meet with cheap, jerry-built homes, or by adding extra floors to existing houses.

译文：要给原本落后的这个农业区域带来工业发展的努力造成人口激增和住房短缺，因此，为满足需要，当地建房者千方百计用廉价劣质建材盖房子，或在现有住房上添加楼层。

解析：该定语从句有表示结果的状语从句的功能，故译为结果状语从句。

（5）Any worker who dirty or who soils a wall with his hands or feet is docked a day's pay.

译文1：任何脏兮兮或者用手脚弄脏了墙壁的工人扣薪一天。

译文2：任何职工，若服装不整洁，或用手脚污损了墙壁，就扣薪一天。

解析：比较上面译文，不难发现，该定语从句若转译为条件状语从句，则更符合汉语表达方式。

（6）Electronic computers, which have many advantages, cannot carry out creative work or replace men.

译文：尽管电子计算机有许多优点，但是它们不能进行创造性工作，也不能代替人。

解析：该定语从句有表示让步的状语从句的功能，故转译为让步状语从句。

由此可见，语言的表达是灵活的。英语中的定语从句应根据原文的文体风格、原文内容、上下文的内在逻辑关系灵活处理。在翻译一个句子，特别是当原作语言和译作语言在语法结构和语义结构上差异较大时，往往要经过一个分析、转换和重组的过程。理想的翻译结果是在重组的过程中，两种语言的信息能产生共同的语义结构，并达到概念等值，最终使译文的读者对译文信息的反应与原文的读者对原文信息反应趋于一致。

三、状语从句的翻译

英语的状语从句在句中可以表示时间、地点、原因、条件、让步、方式、比较、目的和结果等意义。表示不同意义的状语从句在句中分别由不同的从属连词引导。英汉语言中状语从句位置不同。英语中状语从句一般处在宾语后的句尾，即主＋谓＋宾＋状，但有时也出现在句首；而汉语中状语的位置比较固定，汉语中状语往往位在主谓语中间，即主＋状＋谓＋宾；或者为了表示强调，状语也常常位于主语之前。因此，

我们在进行英译汉翻译时,要遵循汉语的表达习惯,相应进行语序的调整,不能过分受制于原文的语序和结构。例如:

(1) You may also need resumes and appropriate cover letters if you decide to send out unsolicited applications to the companies you have discovered in your initial search.

译文:你如果决定向那些首次搜寻中所发现的公司主动投寄求职信的话,也许还需要简历和相应的自荐信。

解析:在这句话中,if引导条件状语从句,译文将条件状语从句前置到主谓语之间。

(2) When the levels reached 6 percent the crew members would become mentally confused, unable to take measures to preserve their lives.

译文:当含量达到6%时,飞船上的人员将会神经错乱,无法采取保护自己生命的措施。

解析:译文中时间状语从句置于句首。

(3) The Greeks assumed that the structure of language had some connections with the process of thought, which took root in Europe long before people realized how diverse languages could be.

译文a:希腊人认为,语言结构与思维过程之间存在某种联系。这个观点早在人们认识到语言的千差万别之前,就已在欧洲扎根了。

译文b:希腊人认为,语言结构与思维过程之间存在某种联系。这个观点在人们充分意识到语言是多么的形态万千之前,早就在欧洲扎根了。

解析:时间状语从句"long before people realized how diverse languages could be",翻译成汉语的时间状语。译文a比译文b通顺,且更符合汉语表达习惯。

(4) The policies open to developing countries are more limited than for industrialized nations because the proper economies respond less to changing conditions and administrative control.

译文:由于贫穷国家的经济对形势变化的适应能力差一些,政府对这种经济的控制作用也小一些,所以发展中国家所能采取的政策比起工业化国家来就更有局限性。

解析:译文中原因状语从句置于句首。

(5) Electricity is such a part of our everyday lives and so much taken for granted nowadays that we rarely think twice when we switch on the light or turn on the radio.

译文:电已成为我们日常生活中是如此寻常的一部分,而且现在人们认为电是想当然的事,所以我们在开电灯或开收音机时,就很少再去想一想电是怎么来的。

解析:译文中结果状语从句置于句尾,与原文顺序一致。

（6） The first two must be equal for all who are being compared, if any comparison in terms of intelligence is to be made.

译文：如果要从智力方面进行任何比较的话，那么对所有被比较者来说，前两个因素必须是一致的。

解析：译文中条件状语从句置于句首。

（7） Television is one of the means by which these feelings are created and conveyed——and perhaps never before has it served so much to connect different peoples and nations as in the recent events in Europe.

译文 a：电视是引发和传递这些感受的手段之一——在欧洲近来发生的事件中，它把不同的民族和国家连接到一起，其作用之大，或许前所未有。

译文 b：电视是引发并传达这些情绪的方式之一，在加强不同民族和国家间的联系方面，或许它从未像在近来欧洲事务中那样起过如此大的作用。

解析：破折号后面是一个倒装句，正常的语序是"perhaps it has never served so much to...as in..."是一个比较状语从句，"as"后面省略了与主句重复的部分，即"it has served to connect different peoples and nations"。根据句意，翻译成"其作用之大，前所未有"。

（8） Therefore, although technical advances in food production and processing will perhaps be needed to ensure food availability, meeting food needs will depend much more on equalizing economic power among the various segments of populations within the developing countries themselves.

译文：因此，尽管也许需要粮食生产和加工方面的技术进步来确保粮食的供给，但是满足粮食需求更多的是取决于使发展中国家内部的人口各阶层具有同等的经济实力。

解析：译文中让步状语从句置于句首。

第三节　数、量词与倍数层面上的翻译技巧和方法

一、英语中数词翻译的技巧

数词是商务活动中不可缺少的一个重要内容，而汉英语言思维方式在数的概念上各有特点，因而在数字的表达方面也会产生差异，这种差异往往给我们的翻译造成一

定的困难。加之它的用法比较灵活，可以做主语、宾语、定语和状语，翻译时需根据情况灵活处理。尤其是在商务活动中，翻译的疏忽或差错往往会产生不可挽回的严重后果，所以翻译时要特别审慎。现将其理解和翻译方法做以概述。

（一）万以上数字的翻译

首先，汉英数字的分位不同。尽管我国早已在数字的写法上实行国际通用的三位分节法，然而，其读数法则仍采用四位数分级制，即每四个计数单位组成一级：个、十、百、千组成个级，万、十万、百万、千万组成万级，亿、十亿、百亿、千亿组成亿级等。英语的数字是用三位数来分位的，并且它的读数法和写数法一致。第一级的数位有个、十、百；第二级的数位有千、十千、百千，第三节的数位有百万（million）、十百万、百百万等。从分位制的情况来看，汉语的每一级最后一个数都是"千"，而英语的每一级的最后一位数都落在了"百"上。其次，英汉数字存在不同的记数法。如在英语中没有万和亿这种位数，而在汉语中也没有 million 和 billion 这种位数。由于记数制的不同，在表达上就不能一一对应。汉语说"三万二千五"，英语就只能表示为"32 个千加上 500"，即 thirty two thousand and five hundred；汉语说"八百六十亿"，英语就只能表示为"860 个百百万"，即 eight hundred and sixty hundred million。再者，英美国家对 billion 的记数不同。美国人的 billion 相当于英语的 a thousand million，即汉语的十亿；而英国人的 billion 却是万亿，相当于美国人的 trillion。由于英汉分位制、命数法的不同以及英美本身的记数差异使我们在翻译时要不断地进行数字变换，尤其在遇到 billion 时更需注意。

表2-1　英汉数字单位的对应表

英语数字	汉语数字	阿拉伯数字
One	一	1
ten	十	10
one hundred	百	100
one thousand	千	1,000
ten thousand	万	10,000
one hundred thousand	十万	100,000
one million	百万	1,000,000
ten million	千万	10,000,000
one hundred million	亿	100,000,000
one billion	十亿	1,000,000,000
ten billion	百亿	10,000,000,000
one hundred billion	千亿	100,000,000,000
one trillion	万亿	1,000,000,000,000

值得注意的是，在翻译时，如果所接触的英语材料中的数字是直接用阿拉伯语表示的，为保险起见就不必再转换成汉语，可直接使用。例如：

（1）Foreign funds flowed into China in a spectacular way.The stock of foreign investment grew from under\$5 billion in 1989 to nearly\$90 billion by 1994.

译文：外资大量投向中国，外商投资总量由1989年的不足50亿美元增长到1994年的近900亿美元。

（2）Texas'economy is forecast to add more than 1 9 1，000 jobs during 2006—2007．Job growth is expected to accelerate in 2006 and then slow in 2007 as a result of rising interest rates and energy prices hindering the simulative impacts of increasing levels of population and business spending.

译文：据预测，2006年至2007年得克萨斯州的经济会增加19.1万个就业岗位。如不出预料，2006年就业机会呈现增长，到2007年则会放缓，原因是利率和能源价格提高，将阻碍人口和企业开销增长所带来的正面影响。

（3）China has a grassland area of 390 million hectares of which about 320 million hectares can be used，which places China third in the world in the area of usable grassland.

译文：中国现有草地面积3.9亿公顷，其中可利用面积3.2亿公顷，居世界第三位。

（4）In 1977，the sum total of Chinese imports and exports was less than\$15 billion．putting China's share of world trade at 0.6 percent.

译文：在1977年，中国进出口总额还不到150亿美元，仅占世界贸易总额的0.6%。

（5）In 2003，the total national revenue of China reached 1，137.7 billion yuan，exceeding 1 trillion yuan for the first time.

译文：2003年，中国国家财政收入总额首次突破万亿元，达到11377亿元。

（6）This year's output of wheat reached 41.48 million tons，about two times that of last yean.

译文：今年的小麦产量是4148万吨，是去年的两倍。

（二）数量减少的翻译

1. 一般数量的减少

一般数量的减少，应根据英语动词、形容词、介词及数词的含意正确翻译，其中应特别注意介词的意义。

第一，用表示"减少"的动词（reduce，decrease，fall，lower等）连接"by n（或n%）"以及用连系动词连接"n less（than）"，表示净减量，所减数字可照译。

（1）This process used 35% less fuel.

参考译文：这种工艺少用了 35% 的燃料。

（2）The price of this car is twice cheaper than the average, but its quality and reliability are superior to many other cars of the same style.

参考译文：这台轿车的价格只为一般轿车价格的一半，但其质量和可靠性却优于其他同等式样轿车。

第二，用表示"减少"的动词（reduce，decrease，fall，lower 等）连接"by n times""n times""by a factor of n""n times as+ 形容词或副词 +as"，可译作"减少了（n-1）/n"或"减少到 1/n"。此外，汉语的分母不习惯用小数，倘若英语减少的倍数中有小数点时，则应换算成分数。

（1）The bandwidth was reduced by two times.

译文：带宽减少了 1/2。

（2）The automatic assembly line can shorten the assembling period（by）ten times.

自动装配线能够使装配期缩短 9/10。

（3）The hydrogen atom is nearly 16 times as light as the oxygen atom.

氢原子的重量约为氧原子的 1/16（比氧原子约轻 15/16）。

（4）The equipment reduced the error probability by a factor of 5.

译文：该设备误差概率降低了 4/5。

（5）The United States'unemployment rate dropped 1.3 percentage points during the year.

译文：美国当年的失业率下降了 1.3 个百分点。

（6）The error probability of the equipment was reduced by 2/5 times through technical innovation.

译文：通过技术革新，该设备的误差概率降低了 3/5。

（7）The pre-heating time for the new type of thermal meter is shortened 2.5 times.

这种新型热电式仪表的预热时间缩短了 3/5（缩短到原来的 2/5）。

（8）The equipment under development will reduce the error probability by a factor of seven.

译文：正在研制的设备将使误差概率减少到 1/7。

第三，英语中用表示"减少"的动词连接"to+n（或 n%）"表示"减少到 n（或 n%）"。

（1）By the year 2006 the world's annual oil output is expected to fall to 33%.

译文：到 2006 年，世界石油年产量预计将下降到 33%。

（2）Owing to natural calamities, the grain output per hectare in that region has decreased from 500 kg to less than 300 kg.

译文：由于自然灾害的影响，这个地区每公顷的粮食产量从 500 公斤降到 300 公斤以下。

2."减少一半"的表达法

在英语中，"减少一半"的表达法有各种句型。翻译时，应注意这些句型的不同习惯用法，使用适当的汉语表达方法来表达其意。

例如：The price of this car is twice cheaper than the average, but its quality and reliability are superior to many other cars of the same style.

译文：这台轿车的价格只为一般轿车价格的两倍，但其质量和可靠性却优于其他同等式样轿车。

（三）数量增加的翻译

表达数量的增加必须拿原来的数量做底数。

"增加（了）、增长（了）、上升（了）、提高（了）"表示净增数，不包括底数，如从十增加到五十，可以说"增加了四倍"，不能说"增加了五倍"。

"增加到（为）、增长到（为）、上升到（为）"指增加后的总数，包括底数，如从十增加到五十，可以说"增加到五倍"，不能说"增加到四倍"。

英语主要有两种表达方式：借助介词 to 和 by，前者和数量结合表示数或量"增加到"的数量或程度，后者与数量结合表示"增加了"的数量或程度。

第一，用连系动词或行为动词和包含有数词 n 的词语相搭配。具体表达方式有：

a. "be n times as+ 形容词或副词 +as"；

b. "be（by）n times+ 比较级 +than"；

c. "be+ 比较级 +than+ 名词 +by n times"；

d. "be+ 比较级 +by a factor of n"。

可译作"是……的 n 倍""n 倍于"或"比……大（n-1）倍"。

（1）under careful preParation and organization, the productivity of labor has been three to four times higher than usual.

译文：在周密的准备和组织下，劳动生产率比平常高 3~4 倍。

（2）The output of grain this year is three times as great as that ot last year.

译文：今年的粮食产量是去年的 3 倍。

第二，用带有"增大"意思的动词（increase，rise，grow，go up 等）和下列包含有数词 n（表示数字、百分数或倍数）的词语相结合。具体表达方式有：

a."动词 +n times"；

b."动词 +by+n times"；

c."动词 +to+n times"；

d."动词 +n fold"；

e."动词 +by a factor of+n"。

可译作"增加到 n 倍""增加了（n-1）倍"。

（1）The turnover of the company has grown five times over the past three years.

参考译文：公司的销售额 3 年来增加了 4 倍。

（2）The production of this kind of machine in our plant this year is estimated to increase to 3 times compared with 2006.

参考译文：今年我厂这种机器的产量预计是 2006 年的 3 倍。（今年我厂这种机器的产量预计比 2006 年增加两倍。）

（3）By 2006 the production of primary copper has increased by a factor of 4.

参考译文：到 2006 年，原铜产量增长了 3 倍。

The small town consumed 32,000 kg.of meat in 1975 and 96,000 kg.of meat in 1985.The meat consumption of this town increased three times in only ten years.

参考译文：这个小镇 1975 年消费 32000 公斤肉，1985 年消费 96000 公斤肉。只不过 10 年，这个小镇肉的消费量就增长了两倍。

（4）From 1978 to 1992, the per capita net income of farmers rose by six fold, at an average annual rate of 13.4 per cent.

译文：从 1978 年到 1992 年，农民的人均收入以年均 13.4% 的速度增长了 5 倍。

（5）Australia is about 25 times larger than Britain and Ireland, and almost twice the combined areas of India and Pakistan.

译文：澳大利亚约是英国和爱尔兰面积的 25 倍，几乎是印度和巴基斯坦两国面积总和的两倍。

第三，用连系动词或行为动词后接"as+ 形容词或副词 +again as"或接"again as+ 形容词或副词 +as"。可译作"是……的两倍""比……多一倍"。另外需注意的是，如果 again 前再加 half，则表示"比……多半倍"。

（1）In hot, sunny climates, these C4 plants are half as efficient again as their C3 counterparts.

译文：在炎热、阳光充足的气候下，这些C4植物光合效率比C3植物要高50%。

（2）The sales of industrial electronic products this month is again as many as that of last month.

译文：本月工业电子产品的销售额是上个月的两倍。

（3）With more than ten years'construction，the area of Shenzhen City is three times as large as it used to be. 或：the area of Shenzhen City is three times larger than before.

译文：经过几十年的建设，深圳的面积比以前大了两倍。

第四，用带有"增大"意思的动词（increase，up等）连接"（by）n+单位（或n%）"，rise，grow，expand，exceed，jump，climb，improve，go 表示净增量，数词n可照译。

（1）The total volume of state purchase in the first quarter rose by 5.2 percent, compared with the same period of last year.

译文：和去年同期相比，国家第一季度的总采购量增加了5.2个百分点。

（2）The output went up 56,000 tons.

译文：产量增加了56,000吨。

（3）Kunming Machine Tool was the best performer of the day，rising 27.5 cents or 13 percent per share.

参考译文：昆明机床（股票）这天的交易最好，每股上涨27.5美分或者是百分之十三。

第五，用表示倍数的动词表示量的增加，其中，double表示"是……的两倍""增加一倍"或"翻一番"。treble表示"是……的三倍""增加两倍"或"翻两番"。quadruple表示"是……的四倍""增加三倍"或"翻两番"。quintuple表示"是……的五倍""增加至五倍"或"增加四倍"。sextuple表示"使成为六倍"。septuple表示"使成为七倍"。octuple表示"使成为八倍"。

（1）Hunan，China's leading live pig exporting province，expects to export 420,000 lean meat pigs this year，quadruple the figure for 2003.

译文：今年中国主要生猪出口省份湖南可望出口42万头瘦肉猪，为2003年的四倍。

（2）The growth rate of GNP（gross national product）per capita for China will be quadrupled by 2000.

译文：到2000年，中国人均国内生产总值的增长率将翻两番。

（2）Our population is doubled what it was thirty-five years ago.

译文：我国目前的人口是 35 年前的 2 倍。

（3）The efficiency of the machines has been more than trebled or quadrupled.

译文：这些机器的效率已提高了 2 倍或 3 倍多。

（四）英语百分比和分数的翻译

英语中经常使用百分比来表示经济贸易活动中数量的增加或减少。英语百分比增减的表达法与汉语的语序基本相同。

例如：Four out of five earned more than 25,000 dollars a year, two out of five earned more than 50,000 dollars a year, 3 percent were Jews.

译文：每五人当中，有四个人的年收入多于 25,000 美元，每五人当中，有两个人年收入多于 50,000 美元，其中 3% 是犹太人。

解析：在此，1/5×1/100 就等于 1/500，即 0.2%。我们把它译作百分数，是要与前面的百分数相并列。

另外，英语的百分比还有一种表达法，那就是 out of。

例如：99.9（Ninety-nine point nine）people out of 100（a hundred）would answer yes.

译文：100 个人当中，99.9% 的人都会赞成。

分数（fraction）。对分数的读法，汉语和英语有很大差别。英语有所谓"分数词"，而汉语没有，汉语的分数是用"×分之×"的格式来读的。如 1/2 读成"二分之一"，意思是分成两份的一份。英语的分数词对说汉语的人来说很不习惯，因为它与序数词同形（1/2 用 One half）。如 fifth 一词，当它是序数词时，所表示的意思是"第五"；而当用作"分数词"时，1/5 表示的意思却是"五分之一"了。区别它是序数词还是分数词，要从上下文来判断。这些分数词在运用时也较特别，如 1/5，英语读成 One fifth，即一个五分之一的意思，3/5 英语读成 three fifth，即三个五分之一的意思。例如：

（1）We must have a fundamental evaluation of a person's work and establish whether his achievements amount to 30% and 70%, or vice versa.

译文：究竟是三分成绩七分错误，还是七分成绩三分错误，我们必须有个基本的估计。

解析：汉语表示百分数有时还常用"分、成、折、股"等几个字，其含义都是 1/10 或 10%。

（2）If you pay by cash, we will give you a 30% discount off the price of goods.

译文：如果现金支付，我们予以七折优惠。

解析：给予 30% 的折扣即打七折，其含义是减掉原价的 30%。

（3）The breeding herd in this county this year was just three fourths that of last year.

译文：今年这个县的养牛头数仅为去年的 3/4。

解析：英文分数的表达法为：分子为基数词，分母为序数词。当分子大于"一"时，分母用复数形式。

（五）英国英语和美国英语在数字表达上的差异及其翻译

在日期方面，美英的表达方式是有差别的。以日为先，月份为后，此为英国式，美国式则与此相反。如 1996 年 3 月 2 日的写法：2nd March, 1996（英）；March 2, 1996（美）。在美式的写法中，1st，2nd，3rd 的 st，nd，rd 是不使用的。由于日期书面表达不同，读法也不一样。如 1987 年 4 月 20 日，英式的写法是 20th April, 1987，读成 the twentieth of April, nineteen eighty-seven；美式的表达是 April 20, 1987，则读成 April the twentieth, nineteen eighty-seven。同样，全部用数字表达日期时，英美也有差别。1998 年 5 月 6 日按照英国式应写成 6/5/98，而按照美国式应写成 5/6/98；01.08.1998 是英国式的 1998 年 8 月 1 日，按照美国的表达方式却是 1998 年 1 月 8 日，美国的 1998 年 8 月 1 日应写成"08, 01, 1998"。因此，全部使用数字来表示日期时，往往发生误解，在商务活动中必须谨慎使用。另外，英国英语与美国英语的差异在数字单位上有所体现，因而对数量数据的翻译有所影响。例如，"10 亿"在英国英语中可以用 milliard/one thousand million，在美国英语中用 billion，这不是问题。问题在于同一个词在英国英语与美国英语中表示不同的数目，这个词就是 billion。在美国英语中 billion 是"10 亿"，在英国英语中是"万亿"。那么，如何确定 billion 的词义呢？有三种办法：一是利用上下文和逻辑推理，二是利用科学背景知识或常识，三是确定原文是英国英语（BrE），还是美国英语（AmE）。例如：

The oldest accepted physical remains of life on earth are microscopic fossilized algae behaved 2.3 billon years old.

译文：人们公认的地球上最古老的生命遗迹，就是据说为 23 亿年前的水藻显微化石标本。

根据"地球只有 46 亿年的历史"这一科学常识，billion 只能作"10 亿"解。了解英国英语与美国英语的异同对科技英语的口笔译交流中确定 billion 的词义大有帮助。

二、英语量词的翻译技巧

这里所谓的量词是从广义上说的，既包括单位名词，也包括某些限定词，即某些表示数量意义的词语。英语和汉语的分属不同语系，对量词的概念不尽相同。汉语中量词是独立的词类，而英语中传统语法体系中并没有量词。表量的结构是归入名词类的。而这些英语表量词和我们汉语中的量词表示的意义宽窄不同，用法上也有不同的特点，且远没有汉语中的量词丰富。下表中汉语量词的具体种类可使我们对汉语量词的复杂性得窥一斑。

表2-2　汉语量词分类系统示例英译表

汉语				英语
名量词	专用名量词	个体量词	个、只、条、张	数词或不定代
		集体量词	群 双	group, flock, school... pair
		度量衡量词	米	meter
	借用名量词	借自名词	车	truck.van...
		借自动词	卷 堆	Roll pile, heap
动量词	专用动量词	动作次数	次、回、下	time
		动作时间	年	year
	借用动量词	借自名词	扫了一眼、踢了一脚	take a glance, have a kick...
		借自动词	看一看	have a look, look

因此，在做英语翻译时，仅仅寻求汉英表量词的对等是不够的，只有弄清它们之间的区别，才能达到准确。

（一）量词的增加

1.增加个体量词

汉语中量词无法充当句法成分，但数字和名词连用时，往往离不开量词起桥梁作用，否则表达时就会不通顺，不符合汉语的表达习惯。而英语数字和可数名词连用时无须加量词就可将数量表达得很清楚，因而在翻译的过程中需要应用增词法。例如：

（1）The mechanic-has repaired.three lathes in the workshop.

译文：这个技工在车间里修了三台车床。

解析：在该例中，如果译文中不使用诸如"台""艘""架"等量词，句子就不像汉语。当然，并不是汉语数词后一定要用量词，例如，one hour（一小时）、four days（四天）、six years（六年）等。但 six months 的译文是"六个月"，如译作"六月"，就有可能被误解为英语原文是 June。

（2）Would you please write out a receipt for me.

译文：请我开一张收据。

解析：上例中英语原文本无量词，但翻译成汉语时，则应插入"张"，否则句子就不通顺了。

（3）To our dismay, we find three computer screens got broken in shipment.

译文：令人不快的是，我们发现三台电脑显示屏在运输途中破损。

英语中缺乏个体量词，在翻译的过程中汉语的每个名词前都增添了独特与之搭配的量词，表明该物品的形状、种类或其他属性。

2. 增加动量词

英语中的某些动词或动名词，在翻译成汉语时往往需要增加一些表示行为、动作量的动量词。

（1）I was extremely worried about her, but this was neither the place nor the time for a lecture or an argument.

译文：我真替她万分担忧，但此时此地，既不宜教训她一通，也不宜与她争论一番。

（2）Mr.James toured around our industrial park in the afternoon.

译文：詹姆斯先生下午在我们工业园逛了一下。

（3）Can you wait for me？ I am handling the business for this gentleman.

译文：可以等一下吗？我先办理这位先生的业务。

（4）He glanced through the document, checking against the Declaration in Chinese on the forms in front of him.

译文：他扫了一眼文件，与面前表格上的中文声明核对着。

（5）Concerning your complaint, we will have to discuss with one another.

译文：关于你方投诉，我们必须互相商量一下。

（二）量词的选词

1. 一词多义与选词

然而汉语和英文的量词在很多情况下涵盖的范畴并不相同。因此上述对等关系并非总是存在，此时则需要选词。如对"piece"一词的处理：

（1）He discovered a piece of fossil of an ancient bird.

译文：他发现了一块古代鸟类化石。

（2）I don't know whether（if）he has been to London.

译文：我不知道他是否去过伦敦。

解析：if 这个词既可以表示"是否"，也可以表示"假如"。如果你写出这样一个句子：I shall tell you if he will come. 读者就不知道你想说"我将告诉你他是否愿意来"，还是"假如他愿意来的话，我会告诉你"。为了避免歧义，表达前者的时候，你应该把 if 换成 whether；表达后者的时候，你应该用 if。

（3）The old man wore an eyeglass attached to a piece of ribbon.

译文：那位老人戴了副眼镜，眼镜上系了根绳。

（4）I was hurt by a piece of falling plaster。

译文：我被一块落下的石膏击中。

（5）We have met a piece of resistance in the construction site.

译文：我们在建筑现场遇到了一些阻力。

（6）Another piece of evidence was presented to support the argument.

译文：另一则证据被提呈出来，支持该论据。

此处，选词的焦点应该是度量衡量词。英语中此类词语的翻译既是重点，又是难点。重要是因为这类词语出现的频度极高，特别是涉及询盘、报盘及装运等方面业务时；而且单位词牵涉很大，不当的翻译会造成双方对商品交易条件的错误理解，影响合作顺利展开。说其困难，是因为在翻译时需要特别注意它们是否为公制，是否在不同国家有所差异。如：

（7）The price quoted was for the small lot you named, 5 tons; we can offer you 10% off for a 150-ton lot.

译文：这一价格是针对你方小批量订货的，如果订 150 吨，我们可以降价 10%。

解析：ton（吨）是一个常用的英文词，它作为重量单位经常出现在英文科技期刊和著作中。但我国诸多英汉词典 ton 词条释义却长期有误，将 ton 恒等于"吨"，即认为 ton 只能译成量值等于 1000 公斤的汉语吨，这样一来，每 ton 竟造成近百公斤的误差。事实上，作为使用公制单位的国家，我们中国人所讲的吨等同于 metric ton（也作 tonne）。更为复杂的是，在英美两国 ton 这个词却是不大一样。英国人用长吨，1"ton"相当于 1016 公斤，而到了美国 1"ton"却成了 907.2 公斤，因而在特指时要标明美吨还是英吨，否则不免产生溢装和短装现象，前者造成自身利益的损失，而后者将破坏合作关系，甚至产生商业纠纷。

此外还要注意集体量词的翻译。这类量词英汉差异集中于两点。一是数的差异，英文中很多用复数表示的数量在汉语中改为单数，如"a pair of pliers"译作"一把钳子"而非"一副"。此外英语中的集体量词更具体，专用性更强，如 a troop of soldiers，a murder of crows，a pride of lions，a herd of cows，a flock of geese，a litter of kittens. 而汉语对此的处理相对简单，都称作"一群"。

2. 英语与汉语量词一一对应

汉语中大部分量词可以找到对应的英语名词中，因此很多情况下将其直译即可。其中部分量词是完全对应的。

（1）We normally pack each pair of socks individually in a polythene bag.

译文：我们通常将每双袜子独立包装在一个塑料袋里。（集体量词）

（2）Each package contains six rolls of bandage.

译文：每包装有六卷绸带。（借自动词）

（三）词性转换

词性转换既是一种译词法，又是一种句法变通手段，而后者往往是由于前者的变通而实现的。任何词类都可能也可以在双语语义对应的要求下转换词性，改变原语句法结构形式。因此，词性转换大大拓宽了双语语义对应转换的通道。词性转换主要适用于借用动量词。如翻译"take a glance"等短语，英语中此处的"have"或"take"都是指"进行，做"。但是"glance"在汉语中的意思"扫视"在汉语中并非量词，若照直译成"进行一扫"，会让听者完全摸不着头脑。因此应该把 take、have 等词忽略，原文中的表量名词改为动词。此外，此时经常会辅以增词法，在汉语译文中相应增加表量的词。根据这一原则，"take a glance"译作"扫了一眼"。又如：

have a quarrel——争吵一番。

take a break——休息一下。

三、英语中倍数的翻译

倍数在英语中使用得相当普遍，但在结构方式和使用方法上，英汉两种语言却大相径庭。例如，英美人一般会说"to increase by three times"，而汉语对此却可以有两种译法："增加到四倍""增加了三倍"；换种说法，汉语表示倍数时有时包括基数，有时不包括，而英语无论增减，其倍数都包括基数，因此"了"和"到"这类问题很容易使人混淆。另外，英语中会说"three times as many as that of last year"，而汉语中省略掉平级比较，直接说"是去年的三倍"。总之翻译倍数时需慎重严密，务必做到准确无误。

（一）倍数的表示法

英语倍数最大的特点是先说"倍数"，再说"是谁的……""比谁的……"等。

概括起来，英语中表示倍数时，可以用同级比较和不同级比较两种句型。翻译不同级比较句型时，译作 n 倍（设 n 为句中出现表倍数的数字），而翻译同级比较句型时则译为增加 / 表示数目减少不能使用"倍"。

1. 同级比较表倍数

（1）numeral+ 倍 +as+adj.+as。例如：

① Our total output of the chemical fertilizer this year is approximately three times as great as that of last year.

译文：今年的化肥总产量大约是去年的三倍。（或：今年的粮食产量比去年多两倍左右。）

② I am twice as old as he.

译文：我的年纪是他的两倍。

③ He earns twice as much as he used to.

译文：他比往常多赚二倍的钱。

④ She studies three times as hard as I.

译文：她用功的程度是我的三倍。

⑤ The warehouse under construction is five folds as large as the old one.

译文：正在建造的仓库大小是旧仓库的五倍。

（2）numeral+times+the+n.+of。例如：

① The earth is 49 times the size of the moon.

译文：地球的体积是月球的 49 倍。

② This river is three times the depth of that one.

译文：这条河深度是那条河的三倍。

③ The registered capital of the pharmaceutical company reached one billion yuan. 4 times the number of which we had expected.

译文：该药物公司的注册资本达 10 亿元人民币，比我们预期高了三倍。

2. 不同级比较表倍数

（1）It contains almost three times more iron than aluminum.

译文：其中含铁量比铝高三倍。

（2）The prime cost will be two times larger.

译文：主要成本将超出两倍。

（3）This kind of plastic film is twice thinner than that one

译文：这种塑料薄膜的厚度只有那种塑料薄膜的三分之一。

（4）The plastic container is five times lighter than that glass one.

译文：这个塑料容器比那个玻璃容器轻六分之五。

（二）倍数增加的译法

1. 表示增加意义的词 + 倍数

表示增加意义的动词有 increase，rise，grow，raise，exceed 等。与其连用的倍数有以下形式："数词 +times"，数词与 fold 组成的合成词。例如：

（1）The dairy products we consume this year expands two times.

译文：我们今年消耗的奶制品增加了两倍。

（2）The total volume of state purchase in the first quarter rose by 5.2 percent, compared with the same period of last year.

译文：和去年同期相比，国家第一季度的总采购量增长了 5.2%。

（3）Housing price is expected to continue to soar, finally reaching 120 percent of that of August.

译文：预计房价还会继续飞涨，最终达到 8 月份的 120%。

（4）Total government revenue reached 5.13 trillion yuan in 2007, a 171% increase over 2002.

译文：全国财政收入在 2007 年达到 5.13 万亿美元，比 2002 年增长 171%。

（5）During that period the actualized EU investment in China increased by more than 3 folds, with nearly 20,000 European businesses now established in China.

译文：在此期间欧盟在中国的实际投资增长了三倍多，现在在中国建立的欧洲企业已有近 20,000 家。

2. 表示倍数意义的词 + 宾语（或表语）

英语中表示倍数意义的动词主要有 double（两倍）、treble（三倍）、quadruple（四倍）、quintuple（五倍）等。

（1）The two countries are scheduled to sign a long term agreement Tuesday, which is expected to double the trade between them.

译文：两国计划于星期二签订一项长期协定，预计该协定将使两国的贸易额增加一倍。

（2）Terminal Three will double the capacity of the existing one.

译文：三号航站楼将是现有航站楼容量的两倍。

（3）The world population is doubling every 35 years.

译文：世界人口的数量每隔 35 年就翻番。

（4）Europe's biggest information technology service firm Atos Origin aims to quadruple its business in china over the next two years.

译文：欧洲最大的信息服务公司 Atos Origin 计划在未来两年将其在华业务增至四倍。

3. 表示增加意义的词 +by a factor of+ 数词

该结构表示增加以后达到的倍数，可译为"比……长（高、宽……）n-1"倍或"是……"例如：

One night on the moon is longer than that on the earth by a factor of 14.

译文：月球上的一个黑夜比地球上的一个黑夜长 13 倍。

4. 较大倍数的翻译

最后注意，在倍数比较大的时候，应该取其整数，形成整体感。

（1）Kuwait oil wells yield nearly 500 times more than U.S. wells.

译文：科威特油井的产油量是美国油井的近 500 倍。

（2）The size of the sun is a million times that of the earth.

译文：太阳的体积是地球的一百万倍。

（三）倍数减少的译法

英语表示倍数减少，一般有两种表示法：一是"表示数目减少不能使用"倍"；二是"成 n 倍地减少"。但汉语却不这样表示，前者用"减少到 1/n+1"或"减少了你、n/n+1"（当 n ≤ 9 时）的形式表示；后者以"减少到 1/n"（当 n 为整数时）或"减少了 n-1/n"（当 n ≤ 10 时）的形式表示。下面我们将常见的倍数减少结构叙述如下：

1. 表示减少意义的词 + 倍数

英语倍数减少与表示倍数增加的结构基本相同，按照惯例使用表示减少意义的词（decrease，shrink，drop，decline 等）加上数词来说明减少的数字更为常见些。

（1）180 decreased by 90 is 90.

译文：180 减去 90 等于 90。

（2）The cost decreased by 40%.

译文：成本下降了 40%。

（3）This new process used 35% less fuel.

译文：这种工艺少用了 35% 的燃料。

（4）Revenues from fiat rolled steel and other products declined by 31% to

$17.6million compared to the fourth quarter of 2006.

译文：来自轧制扁钢及其他产品的收入较2006年第四季度下降了31%，达到1,760万美元。

（5）"Six Sigma" will require US to reduce defect rates 10,000 fold—about 84percent per year for five consecutive years—an enormous task.

译文："六西格玛"将要求我们把不合格率降低10,000倍，连续五年每年降低大约84%，这是个艰巨的任务。

要注意的是，汉语中在谈到减小到多少的时候，往往不说倍数，而习惯用分数。

（6）The administrative expenditure this year has decreased by two times as against that of 2002.

译文：行政管理开支比2002年降低了三分之二。

（7）If the radius is halved, the flow rate is reduced by a factor of 16.

译文：如果把半径减半，则流速就降为原来的1/16。

（8）Due to the economic recession our sales volume is 2 times as small as that of last year.

译文：由于经济不景气，我们的销售额是去年的二分之一。

（9）The principal advantage of the innovation is a three fold reduction in production cost.

译文：该革新的主要优点是成本减少了四分之三。

有小数的情况下，也要将其换算成分数。

（10）The error probability of the equipment was reduced by 2.5 times through technical innovation.

译文：通过技术革新该设备误差概率降低五分之三。

2.表示减少意义的词+by a factor of+数词

例如：

（1）The personnel expenditure this year has decreased by a factor of three as against that of 2008.

译文：今年的人力资源开支比2008年降低了2/3。

（2）The enterprise management expenditure this year has decreased by three times as against that of 2002.

译文：该企业今年的行政管理开支比2002年降低了2/3。

（3）The principal advantage is a fourfold reduction in volume.

译文：主要优点是体积缩小了 3/4。

四、英语中数字的表示方法

英语中的数字除注重翻译，也要注意书写形式。英文数字的写法一般如下：

（1）一位数用英文数字，两位及两位以上用阿拉伯数字。例如：The budget for the 1,568-km track is about 270 billion yuan. 这个总长 1,568 公里的轨道预算资金为 2700 亿元。

（2）同一句中出现两个数字，数字体例要一致。例如：In the report they analysed 230 cases of quality discrepancy in the last 5 years. 报告中他们分析了过去 5 年 230 例质量异议。

（3）多分数在整数后加 and。例如：In the world of men's fashion, the shrinking of the tie from a three and three-fourths.inch width to around three and one-fourth inch counts as monumental news. 在男性时尚界，领带幅宽从三又四分之三英寸缩减到三又四分之英寸便算作重大新闻。

（4）四个或四个以上整数位的数，美式写法是每三位间隔处加逗号。例如：Sutron Corporation, an environmental monitoring firm, announced today that sales for the third quarter totaled US $2,274,885, down 36% from US $3,569,338 for the same period the previous year. Sutron 公司，一家环境监测企业，今天宣布其第三季度销售总额为 2,274,885 美元，较去年同期的 3,569,338 美元下降了 36%。

（5）在 21 至 99 的数字间加连字符。用连字符构成 21~99 的复合数字。当分数修饰名词时，应使用连字符连接分数中的词。如 thirty-five, three-fifth, one-half, a three-fifth majority. 例如：Twenty-one firms are to bid for a power engineering construction project in Southeast China. 21 家企业将为中国东南部的电力工程修建项目投标。

（6）句子开头处不用阿拉伯数字。例如：Twenty copies of the operation instructions are enclosed in the package. 而非：20 copies of the operation instructions are enclosed in the package. 包装内随附 20 份操作指南。

（7）书写纯小数要在小数点前加 0。如 0.32，不能写成 .32。英语小数的读法，小数点读为 point，0 读作 zero。小数点后面的数字分开依次读出。

第三章 英语翻译的理论与实践研究

第一节 英语翻译实践中的母语负迁移

在英语翻译中，语言迁移现象明显，它是母语对目的语的作用和影响。母语迁移包括正迁移和负迁移，本节提到的母语负迁移是指母语与目的语之间存在着许多不同，从而影响了目的语的翻译，因此，需要我们对不同语言的文化背景做深入的了解，以免由于表达方法、说话习惯的不同造成翻译的不准确，在英译汉的过程中，当出现英文与汉语的说话习惯不同时，我们往往采用汉语的习惯，这是母语负迁移产生的主要原因，为了了解母语负迁移的影响，我们对母语负迁移的表现做了具体分析，并提出了相应的解决方案。

一、英语翻译实践中母语负迁移的主要表现

（一）词汇方面的负迁移

准确的英语翻译的前提是对英语原文的意境和文法做深刻的了解，而要做到这一点，就要求翻译人员对英语句子中的基本词汇做准确的理解。但是在实际的翻译过程中，常常会出现词语翻译错误的现象，其原因是没有真正掌握词语的真正含义，而是简单地把词汇进行罗列，比如，具有一定文化背景的词语，例如，Adam's apple 直译成"亚当的苹果"显然不准确，这就是一种母语迁移。还有，不是在每个句子中，英语单词和汉语的意义都能一一对应的。受不同文化背景的影响，英语和汉语词汇中都有很多特有的词汇，这样就使目的语词汇在表达上不清晰，甚至失去了词汇本身的意思。比如中文中的宫保鸡丁，在英文中无法找到与之相对应的词汇，这时候往往受母语负迁移的影响，将其直译，造成词不达意的现象。

（二）句法方面的负迁移

英语与汉语的句法基本上没有大的差别，但是也有一些细节上的差异，它们之间的最明显的差异，就在于形和意。英文更重视句法结构的形合，靠的是语法结构，而汉语更重视的是意合，靠的是用句子内部紧密的逻辑关系，所以，在结构上，我们可以发现，英语的句法比较严谨古板，而中文的结构简单明了。因此只有认真了解英语和汉语的结构上的不同，在翻译过程中，按照不同的句法结构做正确的翻译，在句法上，有很多时候，英文和汉语说话的语序不同，需要做出大的调整，才能保证翻译的正确。如昨天晚上，在小红家，小红的妈妈给我讲了一个故事，很容易就被按顺序翻译，而实际上在英文中，通常将表示修饰的状语放在句子的后面，如果对这些不了解，就会造成句法的负迁移，影响翻译的质量。

（三）篇章结构方面的负迁移

在英语翻译过程中，对文章的整体把握很重要，英语和汉语在文章的整体结构上没有大的区别，每个段落表达不同的主题。但是同样，两种语言在文章结构方面有很多不同，所以在翻译时，同时要兼顾文章结构上的不同，对文章结构及段落设置做出适当的调整，保证文章结构的完整，逻辑性更强，达到既尊重原文的表达又符合语言的表达习惯的目的，从而减少文章结构上的负迁移的产生。

二、在英语翻译实践中避免母语负迁移的策略

母语负迁移对英语翻译的影响很大，对英语翻译者来说，正确地了解母语负迁移对其正确地翻译英文也很重要，这就要求他们采取积极有效的措施从而避免母语负迁移现象。

首先，对英语词汇进行累计，对其含义进行分析比较，尽最大努力防止词汇负迁移，在英语翻译实践中，受历史文化背景和习惯的影响，英语和汉语的词汇上差异很大，我们要充分认识到这一点，深入了解民族文化，避免英语翻译过程中词汇方面的负迁移，提高翻译水平。

其次，就是对英语和汉语的句法结构进行仔细分析比较，了解英汉两种语言在句法结构上的差别，尤其是英汉之间句式的不同，要避免在句法上发生负迁移。就要深刻地了解英汉两种语言句意和句子顺序的不同。同时，翻译者还应该在更深的层次上，对英汉两种语言进行深刻的分析，了解英语和汉语之间的文化差异并合理使用，在英语翻译过程中要尽最大努力来减少翻译上的错误，减少母语的干扰，避免英语翻译过

程中母语负迁移的发生，提高翻译者抵挡母语负迁移的能力。

最后，在英语翻译过程中我们还应该从全局出发，避免片面地对原文的词汇、句法进行翻译。总之，在英语翻译实践中，应充分把握和落实好原文，从整体上把握文章的宗旨，理解好文章的意境和上下文之间的关系、字句之间的关系，从而减少负迁移的影响。

母语的负迁移对翻译有很大的影响，往往因为不重视或者对文化背景的不了解，而造成母语的负迁移，导致翻译不准确，英语翻译中母语负迁移的主要表现在字词、句法和篇章结构方面的负迁移，为了实现翻译的准确无误，要求翻译人员了解相关的文化背景，尽量控制母语的负迁移，提高英语翻译的质量。

第二节 英语翻译专业实践教学模式

随着我国在经济、政治、文化等方面的对外交流活动的日益频繁，各个领域对翻译人才的需求也越加强烈。虽然每年都有新的从事英语翻译的人员加入翻译行业，但仍然出现英语翻译人才紧缺的现象，无法满足翻译市场对英语翻译人员的实际需求。英语翻译人才的培养工作就变得越来越重要，并具有一定的挑战性。因此，对英语翻译专业实践教学模式的探索也越来越有现实意义。

一、实践教学模式探索的意义

继2010年的上海世博会以来，我国对英语翻译人才的需求急剧加速。虽然每年有大量的英语专业或英语翻译专业的毕业生，但是其中从事翻译行业的毕业生却不如人意。究其原因，学术型翻译人才培养模式与翻译市场对应用型英语翻译人才需求背道而驰，所以很多英语专业或英语翻译专业的毕业生理论功底深厚，但翻译实践能力薄弱，不符合翻译市场的需求。因此，对英语翻译专业实践教学模式的探索迫在眉睫，成为英语翻译人才培养工作的重中之重。

二、实践教学模式的六环节

在英语翻译实践教学过程中，有六个重要的环节相辅相成，是提高学生的翻译实践能力的重要手段。

（一）实践创新项目

实践创新项目能够充分调动学生学习的积极性、主动性和创造性。鼓励和引导学生积极申请校级、省级和国家级大学生创新创业训练计划项目，不仅可以提高学生的创新思维和创业意识，还能增强学生的创新和创业能力。在专业教师的指导下，英语翻译专业学生可以通过实践创新项目服务地方经济建设，还可以将大学生实践创新项目做成指导教师教改科研项目的子课题，以此提高教师的教学科研效率，达到教学相长的目的。

（二）翻译资格证书考试

中国的翻译职业化进程发展迅速，中国的翻译资格考试体系已建立并得到逐步完善。鼓励学生参加各级各类的翻译资格证书考试，既是对学生翻译能力的综合检验，也是学生顺利就业的基本保证。

（三）翻译竞赛

英语翻译大赛不仅能够检验学生的翻译实践能力，还能提高学生的学习兴趣和学习动力。目前我国主要的英语翻译大赛有中国翻译协会主办的韩素音国际翻译大赛和全国口译大赛、四川外国语大学主办的语言桥杯全国翻译大赛和华东师范大学主办的《英语世界》杯翻译大赛等。我们鼓励和支持学生积极参加各级各类的翻译比赛，促进学生参与校级、省际和国际的翻译实践交流，以此提升学生的翻译技巧在翻译实践中的应用能力。

（四）社会实践

通过参与和翻译主题相关的社会实践活动，可以使英语翻译专业学生了解翻译市场对翻译人才的需求程度、了解翻译公司或者企事业单位对翻译人员业务能力和职业素养的要求程度、提升学生理论联系实际解决问题的能力和与人沟通的能力。

（五）基地实习

基地实习是英语翻译专业学生在完成全部第一课堂教学计划之后进行的翻译职业体验和实践。实习期间，学生将所学的翻译理论知识和翻译实践技巧应用到翻译实践活动中解决具体问题。高校应该积极推进实习基地的多元化，翻译实习基地不仅可以是翻译公司，也可以是企事业单位。实习可以是集中实习，也可以是自主实习，通过丰富的实习形式提高学生的翻译职业素养和翻译实践能力。

（六）毕业论文

毕业论文可以培养学生提出问题和解决问题的能力，提高英语翻译专业的学生撰写翻译实践报告的比例。翻译实践报告由翻译实践和报告撰写两部分组成。翻译实践部分不仅能够培养学生翻译的独立性和自主性，还能够检验学生的真实翻译水平。报告撰写部分不仅能够培养学生的总结和反思能力，还能锻炼和提升学生解决翻译困难的能力。

英语翻译专业实践教学既要重视实习、实训教材的建设，也要重视师资队伍的建设，更要重视实践教学管理制度的建设，以此提高应用型和复合型英语翻译人才培养的质量，为我国在对外经济、政治和文化的交流活动中做出更多的贡献。

第三节　科技英语翻译理论和实践的关系

科技英语是科学技术工作人员进行科学研究和学术交流中所使用的英语，是一种科技类文体，主要特点就是用词准确和语言简练，能够有效地表达说话者所要表达的客观内容，保证语言条理清楚、内容准确，能够使用较强的专业性和实用性语言进行英语表达。我国在进行科技英语翻译的过程中，一定要保证以上翻译特点，使翻译的文章能够尽可能忠实和准确，能够突出原作者的思想观念及风格特点等。汉语和英语本身就是两种不同类型的语言体系，其在行文习惯及使用修辞方式和词语表达方面都存在一定的差别。一般情况下，英语科学技术类文章结构严谨，且具有较强的逻辑性，要保证上下文之间比较通顺。在科技英语翻译过程中经常会出现词语替代等情况，这些都需要翻译工作人员能够具有一定专业英语知识及词汇量，保证熟练使用科学技术语言。所以，科技英语翻译人员应该全面了解科技英语翻译理论和相关实践知识，掌握翻译英语中的技巧和规律，在英语和汉语中进行熟练的应用和转化，注重观察词语词性变化和在句子中的逻辑关系，关注原文文体特点和词汇语法，这样最终翻译出来的科技英语文章才能够将科技知识和行文脉络理清，将意思传达清楚。[a]

一、翻译理论和实践之间的关系

现阶段在很多领域里由于各个国家之间的语言差异，都会采取翻译工作来进行研

---

[a] 郑惠敏．实用英语翻译技巧 [M]．北京：国防工业出版社，2012.

究和发展。翻译其实是一种能够打破语言障碍，从而进行文化交流和社会交际活动的行为。翻译工作人员在进行翻译过程中，不仅仅是对语言的转换，还应该能够反映出不同类型社会的特征文化的转换方式。该领域相关专家认为翻译是和语言学相对应的一门科学，主要是在语言基础上建立一个对等关系，关键问题是要找到对等项，保证在翻译过程中其中心任务是能够有效界定翻译中的本质和条件。因此，翻译理论能够直接作用于应用理论，应用翻译理论充当了翻译理论和实践之间的桥梁。所以在翻译理论和实践之间应该让读者有效地接受这些知识，尽量转变在原文中的语法结构，找到语言中对等关系，适应科技翻译工作需要。这也在一定程度上说明翻译理论是在整体上或者是宏观上指导翻译工作的实践活动。另外，由于翻译理论和翻译实践是相互制约的关系，所有翻译实践离不开翻译理论的指导，翻译理论也缺少不了翻译实践的经验。

翻译工作在很多年以前就开始兴起，并在漫长的历史过程中不断汇总，不管是在英语国家还是在我们国家，人们一直专注于研究翻译理论与翻译实践之间的关系。在西方发达国家，有很多著名翻译人员提出了很多翻译理论和实践研究活动，制定了翻译标准。同时期在我们国家，翻译理论标准是"信、达、雅"三种，在经过后期多次研究和分析之后，得出了忠实和通顺两种翻译标准。从翻译理论上来说，其翻译标准都是在实践基础上找到等值成分的，主要是在理论上能够和作者之间的思想以及观念进行联系，能够在一定程度上将原作内容表达出来，不能让原意有任何篡改的情况，应该符合作者思想情感，符合现阶段语言规范和要求，不能进行直接翻译，尽量减少文理不通、结构混乱等现象出现。所以，翻译理论和实践是相互联系的，需要翻译工作人员对专业知识的重视。总结起来说，如果翻译工作没有翻译理论作为指导，那么就会使翻译任务变得困难，不能够得到很好的解决。如果翻译理论没有翻译实践作为经验，那么理论就难以得到完善。

二、文体特点和句法结构

（一）文体特点

目前英文科技文献经常使用的文体可以分为论述文体和应用文体两个部分。其中论述文体包括一些书面的语言，要求在结构上保持严谨，在论证上能够客观和公正，使所要表达的中心思想明确，具有较强的逻辑性。翻译的过程中，能够通过对原文中英语语法的理解和句子结构之间的关系进行研究，有效理解原文意思，对原文相关学科专业英语进行了解和学习，并能够弄清楚需要的词汇在相应学科中的特定意义。最后一定要根据汉语中的表达习惯对翻译文章进行整理，在译文中要求语言尽量规范，内容保持贴切，形成和原文中风格一致的内容。

需要说明的是，在专业领域中应用文体经常会有科普类应用文体和相应指示类应用文体。其中科普类应用文体一般具有知识性和趣味性，能够吸引读者注意力，在写作的时候能够灵活使用词语，保证词语和句子具有一定的感情色彩。所以在进行科技英语翻译过程中，也应该具有以上词语灵活使用及趣味性和感情色彩等特点。而指示应用类文体由于自身用词比较精练和简短，多用于文章使用顺序的叙述等情况下，所以在进行该类文章翻译的时候，也应该积极地遵守以上这些特点，使用精练的汉语和简短的句式进行翻译，保证作品本身的特点。

（二）句法结构

目前英语科技文献在进行撰写时多数会在行文句法中使用不同于其他文体的句法，并且物称多于人称。物称主要是指以没有生命特征的物体作为主语，而人称指的是以有生命特征的物体作为主语，其大部分指人类。其比较重要的特点是，大多数情况下都会使用被动语态，在阐述客观真理时，一般情况下不需要使用动作的主动者，而是通过被动的形式叙述一些客观事实来完成对内容的阐述。这是科技英语文献中常常使用的词语句式结构。现阶段科技英语中名词化结构使用频率较高，并且在英语整个语言体系中都是按照一定的语法及句子模式来进行阐述。在翻译成汉语之后可能会增加原文英语句子中的动词，这种情况就应该在英语科技文章中使用动作性结构名词进行结构表达，在翻译成汉语时，也应该将名词有效转化成动词，这样才符合大多数翻译文章的要求。

三、原文理解和译文表达

（一）原文理解

翻译工作人员要求能够对原文进行理解，对于英语科技文章的理解主要是结合上下文进行，针对整个文章中句子的难易程度，或者是对一整个段落和一篇文章进行理解。这主要指的是一种语言现象和逻辑关系，需要通过一定的语境进行分析和研究。由于各个国家之间的文化差异，比如，我国比较注重具体思维模式，而一些西方发达国家则更加注重抽象思维模式，这就导致了语言表达方式的不同。在翻译科技英文文献时，常常会出现抽象表达，但是汉语汇总却缺少相应的翻译内容，并且在词语的翻译上也没有形态变化，词语和单词之间的使用也存在着不同。英语文献中更加注重语法句子模型,而汉语文献中则更加注重语义型的句子模式。

所以为了保证所翻译出的科技文献能够更加忠实于原文,保证作者思想观念以及论证风格,则需要对作者作品进行关注和研究,深刻理解作者创作作品的中心思想。在翻译技巧上要了解英汉词语搭配以及表达习惯之间的关系,但是不能出现一些含糊的词语。因为一般的文献阅读人员都会注重研究作者的思想观念,而一般翻译人员在翻译的时候都会改变原来作品的思想,这就会使翻译工作效果大打折扣。

(二)译文表达

翻译人员在进行译文表达时一定要重视专业术语词义在文中的语境关系以及和上下文之间的关系等,因为文章思想不同,词义也会出现一些变化。

1.译文中出现的多词一义的情况

英语使用人非常喜欢语言变化,其会让句子中句型和结构出现变化,还会让词汇出现多种含义,针对同一概念的事物和行为或者是状态都会出现不同的词汇。所以在翻译科技英语文献时一定注意其内部经常出现的同义结构替换的情况,经常会在一些比较严谨的科技文献中出现,但是汉语科技文献中对于统一的概念事物,则基本上都使用同一个词汇进行表达,不会出现变换的情况,主要是为了表达上的准确性。翻译人员应该了解这一问题,这是英语和汉语科技文献中表达上的差异,如不了解在翻译中就有可能出现一些词义不同的错误,最终导致文章中出现概念模糊情况。

2.译文中出现一词多义的情况

在对科技英语文献进行翻译时,常常会由于一些词汇处理出现翻译不当的情况,并且很多事实都证明翻译科技文献容易使人"不专业"。在这样翻译的情况下,由于翻译人员经常会阐述一些问题,并且在很多其他翻译中也出现过这种问题,导致人们不能够明晰文章的思想。所以在选择翻译词语的时候一定要保证所使用的词语都能够和原文意思保持一致,最终能够使翻译的句子和原文意思准确符合。但是在翻译过程中容易出现一些不符合文章思想的词语和句子段落,这就是科技英语翻译中的常用词误译,其经常出现在科技英语文献翻译中,主要是由于英语词义比较灵活,和上下文之间关系比较密切,所以每一个词语中的含义都要根据具体的语境进行分析和研究,不能够单独地看某一个单词。

3.翻译中词义的引申

一般情况下翻译人员都会在科技英语翻译中使用一些直译词语和句子来忠实原文,但实际上这是一种认知上的偏差。英语和汉语进行互相翻译时有着一定的变化,在语言结构以及表达上有异同,一般情况下都能够使用直接翻译的形式,但是有时也需要在词典上进行词义翻译，而如果在词典上不能找到相应词义，那么就会导致译文出现含糊不清的情况，让读者难以理解。这时就需要根据上下文语境对原文进行分析，引申出符合原文的句子和词语，选择符合文献的文体进行表达，使句子的含义更加清楚。

综上所述，科技英语翻译是一门技术科学，需要翻译人员对科技英语进行研究，并且要结合一定的理论实践，总结经验。所以，要做好科技英语翻译工作，需要不断地进行研究探索，了解不同国家和地区之间的文化，找到其之间的异同点，并且有效地应用到科技英语翻译中去。只有从多方面去结合对翻译理论和翻译实践之间关系进行研究和分析，才能做好科技英语翻译这项工作。

第四节 英语习语的翻译理论和实践研究

英语作为国际通用语言，具有大量的短语和习语。在漫长的习语发展历程中，逐渐形成了以固定句子和短语为主的习语表现形式。习语包含浓郁的地域特征和民族色彩，对习语的翻译会影响译文质量。因此，本节主要将地域历史和民族文化作为切入点，来探究英语习语翻译理论和实践。

一、英语习语的翻译理论与主要特征

（一）英语习语的翻译理论

英语习语根据不同的交际功用，可以分为表明态度、传达情感和表达愿望等种类。根据英语习语的不同主题，语言学家又将其分为神话、宗教、家庭、教育、文艺和医学等多个种类。这些根据字面含义的习语分类，主要为了表达不同地域的生活与生存经验。随着语言学理论结构的不断完善，各专家、学者开始使用现代语言学的研究方式，进行习语语言内容与形式的研究活动。但这种依赖语义和词汇的习语翻译方式，并不能满足深层次的习语翻译要求。因此，语言学家逐渐开始使用含义转换的方式，来进行习语句法与结构的深层翻译研究。当前，在英语习语的翻译研究方面，主要包括单词、短语和句子等三方面内容。其中短语和句子在英语习语中所占比例较大，短语和句子的词汇结构、语义也更加复杂。近年来，在英语习语翻译方面，开始重视习语功用与文化内涵的研究。英语习语作为区域文化的主要表现形式，其能反映不同地域的社会

形态与文化内涵。而且在语言交际活动中，英语习语的表达也能提升个人的文化素养与品位。因此，在英语习语的理论研究中，应重视习语的功用、交际和文化语境等内容。[a]

（二）英语习语的主要特征

英语习语与成语较为相似，也具有不透明性、综合性和稳定性的特征。不透明性指的是英语习语的不可预测，其含义不能从字面的意思进行解释。例如，"I get a kick out of you."汉语直译为踢水桶。Kick 是用脚踢的意思，不管是人或马的脚，被踢的人一般来说是会感到很痛，但这句话的真正含义却恰恰相反。这句习语的真正意思为"你的感情使我感到快乐和激动"，但其并不仅仅和爱情联系在一起，而是指任何产生快乐的感情。因此，某些英语习语的含义，与单词本身的意思关系不大，但有时也会与单词的意思相近。英语习语的另一个特征，是在社会生活各个方面使用非常广泛。英语习语主要来源于社会生活，普通民众在生产实践中，创造了一系列习语。"as cool as a cucumber"源于美国社会的习语，从字面意思翻译来看为"像黄瓜一样凉爽"，但真正的含义为"泰然自若、冷静和放松"。最后，习语的结构比成语和非习语更具有稳定性。一个习语的词序不能被随意改变，即使这个修改可以转换为更加完美的语法。例如，"A force"与"A stone"有着不同的意思，虽然对词语的修改并不违背语法规则，从英语习语翻译上是不被允许的。

二、英语习语翻译中的文化内涵与词汇空缺

（一）英语习语翻译中的文化内涵

文化是社会信仰与实践的产物，所以，英语习语主要起到信仰表达和语言传递的功能。任何一种惯用的表达方式，都是从其特定文化中不断演变而来的。虽然部分习语看起来会有些古怪而不合逻辑，但其背后承载着文化与历史的变迁过程。

（二）英语习语翻译的词汇空缺

不同文化词汇有着不同的文化内涵，有些表面看似相近的词语，可能包含着不同的内涵表达。最为显著的词语为"Dragon"（西方的龙），西方的龙与中国龙（long）存在本质区别。Dragon 是长着双翼类似于蝙蝠或蜥蜴的怪物，其能够喷出火焰来对人类造成伤害，还喜欢盗取财宝和居住在洞穴中。而 long 是与白虎、朱雀、玄武并称的"四大神兽"，长着鹿一样的角、骆驼一样的头、兔子一样的眼、蛇一样的脖子和鱼一样

---

[a] 贾柱立. 英语翻译与导游英语[M]. 天津：天津大学出版社，2012.

的鳞片，是吉祥与帝王的象征。译者在"龙的传人"翻译中，常常会用其字面意思翻译"Dragon's descendants"，但由于中英文读者之间的文化差异，"long"这一形象没有对应的词，因此，在翻译中会存在文化内涵的缺失甚至扭曲。

三、英语习语翻译的实践问题

（一）直译加解释的习语翻译

直译是最为简单直白的英语习语翻译方式，是将源语言直接转换为目的语。但由于英语习语的历史与文化含义，大多数情况下不能使用直译，或者需要在直译基础上添加相应的解释。而且要保证英文与中文之间语义的对等，例如，All Roads Lead to Rome 译为"条条大路通罗马"，这一翻译形象表明了习语的真正含义，所以，不需要添加其他注解。如 an eye for an eye 这种具有文化内涵的习语，就要在直译的基础上加入注释。an eye for an eye 出自《圣经·申命记》，摩西发布的法令：a tooth for a tooth, a hand for a hand and a foot for a foot. 翻译为"以眼还眼，以牙还牙，以手还手"，这里需要添加注释"以其人之道还治其人之身"，以避免引起读者的误解。

（二）意译的习语翻译

在英语习语翻译中，在无法找到对应表达词的情况下，要使用意译的翻译方法进行习语翻译。意译不需要保留原有习语的表达方式，而需要翻译出英语习语背后的引申含义。

（三）套译的习语翻译

套译与直译、意译和音译均不相同，其主要使用汉语中存在的替代词，对英语习语的含义进行套用。套译词与英语习语有着相同的意思，但两者在内容表达方面会存在微小的差别。geometry（几何学）、Operational Research（运筹学）和 state（州）等，都属于套译的英语翻译方式。套译习语翻译的主要例子有：Courtesy cost nothing 被译为"礼多人不怪"，其中 Courtesy（礼貌）与儒家的"礼"有着相近的含义。"Man proposes, God dispose."被译为"谋事在人，成事在天"，其中 God（神，上帝）与我国的"天"有着相同的寓意，因此，可以使用套译的翻译方式进行翻译。

英语短语或短句要想成为习语，必须经历复杂的被证明过程，而且要符合习语的相应特征。对于英语习语的翻译实践，需要针对不同习语的本身含义与文化内涵，选择恰当的习语翻译方式进行翻译。同时要兼顾目的语读者的文化习惯，对英语习语进行适当的修改与变形，做出符合词语内在含义的翻译表达。

第五节　审计英语的要求与翻译实践

在世界范围内，审计与经济社会的发展一直存在紧密关联，审计能够在人的主观行为中对经济活动进行客观分析和研判，从中发现存在的问题及其成因。尤其在"一带一路"倡议的推动下，越来越多的企业参与到了国际化、全球化的经济活动中，涉外审计业务越来越频繁。包括会计师事务所、企业等在内的诸多社会组织，无论是经营自主权还是组织活力均有了前所未有的增强。在此背景下，为了确保更多的社会组织能够在全球化的世界中经济业务更加顺利，发展模式更加健康，一方面要强化涉外经济业务中审计实践的介入，另一方面要充分考虑东西方语言文化与思维的差异，防止在审计实践中出现不必要的交际障碍与审计失误。更为重要的是，审计实践中要强化审计翻译工作的地位。审计人员不但要注重审计英语的词汇术语化、句法结构复杂化和语义表达客观化的特征，还应充分尊重审计英语的语言特点，在充分考虑汉英句法结构差异与共性的同时，借助多种翻译工具加以处理。因此，为了避免审计人员在和审计对象进行交际时出现障碍及失误，本节以审计英语的要求为出发点，探讨审计英语的翻译实践问题。

一、审计英语的基本特征

在专业英语翻译实践中，一般要对词汇、长句以及被动句等给予"特殊关注"，以便更好地解决汉译中出现的典型问题。近年来，虽然审计英语的使用特征与翻译原则并没有出现较大变化，但随着我国涉外审计业务持续增多，审计人员和审计对象之间的沟通难度越来越大。因此，有必要在审计英语应用和翻译领域做出更多努力，在充分尊重审计英语语言特征的前提下，对翻译工作进行全面分析，消除英汉句法结构差异，体现两者的共性。

在审计英语的实践当中，语言翻译的独立性被认为是最基本的属性。因此，要确保翻译内容具有独立性与公正性，一般很少以第一人称以及第二人称完成语义表达，这样做的目的在于尽量消减翻译人员的主观判断，确保翻译内容更加公正和客观。比如，在审计英语翻译过程中，当与审计业务有关的词汇以主语的身份出现时，翻译工作就要特别注意。除此之外，还应关注审计英语翻译的语义关系，尤其是翻译词汇之被动性，以确保翻译内容更加科学。在当下，审计英语翻译需要充分考虑翻译环境的特殊性，对于高频率出现的词汇要尽量避免被动性语态的应用以及审计行为过程中执行者的参与，借此让语义表达更加客观，最大限度地展现语义表达和词语的形容性特征。为了使审计英语翻译更加有效，还要注意：审计英语文本形式一般存在于审计法案条例和书面报告当中，因其内容具有较强的专业性，要求翻译人员要特别关注词义表达内的措辞问题，以确保审计英语和法律内容保持一定的关联，让翻译更具专业性。在审计英语翻译过程中，经常出现和法律审计有关的专业语言。比如，对于出现的 client 等词语，在翻译当中就要特别注意审计专业词汇和法律专有词汇间的联系，既要提升其专业性，还应确保词语翻译之准确性。更为重要的是，在审计实践中，审计翻译的有关内容一般还会和部分经济活动保持联系。因此，翻译人员要注意英语词语题词内可能涉及的经济学和管理学等内容，以便在进行和经济学有关文章的翻译时，能够对出现的 bearer（翻译为"持票人"）等给出正确的解释。

二、审计英语翻译的要求

审计英语翻译的目的在于将英语视作平台，完成对审计理论和审计方法的应用与传播，让审计实践，尤其是涉外审计实践在更加广阔的空间内得到推进。在这一过程中，审计人员要进一步认识到，审计英语是一门具有特殊用途的英语，要对这类英语和其他专门英语之间的显著差异进行研判，以便在国际审计工作中与审计对象开展积极沟通与谈判。

（一）强化术语 + 合理借鉴

在审计英语翻译过程中，翻译工作需要借助固定翻译方法，也就是通过直译的形式提升翻译质量。要实现这一点，就需要在强化术语的同时对翻译技巧进行合理借鉴。在翻译审计术语的过程中，还应借助固定翻译模式，以便让翻译内容不受审计语境的制约。否则，翻译工作势必会受到审计英语自身的影响，这类现象还能够给特定语境设计带来制约。所以，在翻译实践中，还应该借助特定语言资源，以此对专业语句展开分析，在充分结合上下文内容的同时开展翻译工作。更为重要的是，翻译人员需要总结和借鉴翻译经验，比如，可以经常浏览翻译网站或者词典查询有关内容和翻译技巧，也可按照自身翻译经验对审计英语翻译进行总结，以保证翻译工作更加合理，达到更为理想的翻译效果。[a]

---

[a] 王晓农.汉英翻译理论与实践[M].青岛：中国海洋大学出版社，2012.

（二）队伍建设＋能力提升

随着全球经济一体化进程持续加深，国际审计实践表现出多元化的特征。英语是世界级的语言，在跨国审计实践体系内的应用越来越深入，审计信息的传播模式也更加畅通。尤其对涉外企业来说，其业务项目运作中的专业审计人才成为越来越重要的资源。为此，在审计英语翻译过程中，就需要以保证翻译人员的专业性为前提，有针对性地进行审计英语专业人才的培养和教育工作，借此搭建更为理想和高效的审计人才群体，为完成更多审计英语翻译任务奠定人才基础。

（三）信息客观＋措辞专业

在运用审计英语的过程中，因其词汇正式、用词严谨和正规，要求翻译工作要做到词意准确。在文体层面上，审计英语是作为一种正式语域变体出现的，很多都与严肃的法律条文直接相关。所以，在翻译实践中，"准确"之标准不但要在词义、句义等视角获得满足，保证"信息精准"，还应充分考虑文本自身能够传递出的文体信息，达到"措辞专业"的目的。为此，审计机关需要针对审计事项向政府部门进行通报，按照审计结果和审计意见完成后续的工作。比如，审计英语翻译中出现的 announce 一词，其原意为"宣布或者宣告"。可是，当其出现在审计文本内，就应重点考虑此类文体及其在文内之语境，将其翻译为"通报"不但与审计法案之用语相符合，还可以准确地体现"审计单位"与"社会组织"的内部关系。

（四）表达准确＋结构完整

"准确"的标准指的是努力实现等值翻译之最佳状态，"通顺"的标准在于提升翻译所要表达意思的清晰水平与完整状态。因此，在审计英语翻译过程中，应该充分分析汉语句子特征与表达偏好。比如，在翻译 Audit decisions made by audit institutions shall be implemented by the audited bodies 时，made by audit institutions 被视为 audit decisions 之后置定语。因为汉语中很少出现所谓的后置定语用法，所以在翻译时，这一后置定语需要进行结构方面的调整，使之与汉语之表达习惯相符合。此外，审计英语偏重被动语态，汉语则更加注重主动语态，在审计英语翻译过程中需要对此有所体现，让翻译过来的文本更为通顺。

三、审计英语的翻译实践

对审计翻译来说，其基本要求为准确和通顺。因此，在充分结合审计语言的特征与审计工作本身特点的基础上,审计英语翻译需要把审计翻译和审计信息加以整合,确保审计英语翻译成果更为真实和客观。同时,在审计英语翻译当中,需要破除翻译内容的限制因素,以便能够在现实场景中让审计英语得到最大限度的还原,为审计英语翻译质量提升提供更多保障。

(一)长句翻译

在审计英语翻译过程中,应依据英语内容之叙述展开,并按照汉语的表达习惯开展翻译工作。其中,对翻译中出现的名词后置问题,应该予以微调处理,将后置定语进行前置,使之以名词形式出现,以此获得更为理想的翻译结果。审计英语中的并列语句通常借助 and 与 while 加以对接,前者意为并列,而后者是对比,借助的方法都属于顺序直译的范畴。例如,对于审计人员的回避,应由审计机关负责人确定;而审计组织负责人的回避,要通过本级政府和上级审计机关负责人确定。在翻译时,就应该特别注意此类问题。

(二)ESP 翻译

在审计英语翻译当中,为了达到更加高效传递审计信息之目的,更加真实地反映审计英语翻译的内容,就需要从审计英语的本质要求出发,根据实际情况优化其形式,并在翻译实践中尽量保留审计英语的原本含义。审计英语被认为是带有专业目的的英语(ESP),因此需要在既定应用范围内被特定的社会群体所接受。为了实现这一点,就需要对日常用语的词义进行分析和研判,以防止审计英语之词义出现改变却按照原来的意思进行翻译,防止出现无法适应特定对象与特定场景的问题。相反,需要按照审计英语的表面意思开展翻译工作,以便让翻译结果能够更加准确地传达和审计有关的信息。

(三)词汇翻译

对审计英语中的词汇来说,翻译工作者需要将专业用法与之相结合,使之能够更好地体现文体特征和语境信息。这是因为,一词多义现象在审计英语翻译中十分常见,而一旦在审计文本以及语境内出现,其专业属性就会让此类词汇之意义表现出排斥性,因此翻译过程中需要充分考虑其特定又固定的用法,借此排除词汇本身之含义。此外,词汇之特殊含义一般有很多类似的表述,可是词汇表述能够排斥其他类似义项的选用。因此,审计词汇之同义义项以及近似义项之选择往往带有专业属性。比如"current"具有"目前的、现行的"以及"通用的、流行的"意思,可是当其在"current account"以及"current assets"中时，鉴于审计文本的语境，"current"就应被译作"活期（存款账户）"或者"流动（资产）"。

（四）被动语态翻译

在审计英语翻译当中，翻译人员需要具有较为扎实的审计专业知识储备和审计水平。同时，为了适应瞬息万变的审计场景，从事审计英语翻译的人员需要更为广泛和深入地阅读与审计相关的诸多文献，在持续熟悉翻译实践与审计英语特点的过程中，确保译文更为科学与合理，使审计主体和审计客体均可以接受。其中，在审计翻译当中，部分被动语态之使用需要符合审计英语独立性与客观性的特点。比如，动作主体需要通过"by"引出，以确保语义可以更为清晰和明确[a]。

第六节　典籍翻译理论与英语教学实践

中国文学典籍是中国五千年文明历史的集中体现，在当今世界各国文化交流日益频繁的背景下，典籍的英译对传播中国传统文化、提升中国文化软实力和实现"文化走出去"无疑有重要的意义。但同时我国典籍翻译又面临巨大的挑战。本节通过探讨我国典籍翻译存在的问题，并研究解决的方案即与教育教学相结合，并采取科学有效的教学方法，以培养功底深厚的典籍翻译人才，促进典籍翻译事业的发展。

一、典籍翻译理论的介绍

中国文学典籍是中国五千年文明历史的集中体现，当今世界各国文化交流日益频繁，典籍的英译对推广中国古典学术知识、阐释中国的崭新形象有着重要的意义。近年来典籍翻译受到了国内外学者的热烈关注，不过，在这股热潮中，很多学者依然看到了典籍英译中存在的两个问题，那就是翻译理论与实践脱节和典籍翻译人才的极大缺乏。而造成这一现象的根本原因是典籍英译这项事业并未与教育教学进行深度的结合。

本节的研究目的是通过探讨典籍英译面临的问题进而找到解决的策略即重视典籍英译教学，采取科学的教学方法，以促进典籍翻译事业的发展，促进中国古典文化的对外传播，提升中国文化的软实力。

---

[a] 何自然. 语用学十二讲 [M]. 上海：华东师范大学出版社，2011.

二、典籍翻译面临的问题

（一）翻译理论与实践脱节

目前，在中国的典籍英译界，理论与实践脱节的现象仍然比较严重。汪榕培教授曾在《典籍英译研究》（第5辑）的前言中指出："从事中国典籍英译实践的人员多数不从事理论研究，他们对于翻译的见解多数见于译者前言或诗话式的片言只语之中。而从事理论研究的人员，则基本上不从事翻译实践，主要是把西方的翻译理论介绍到国内来。现在写翻译理论文章的作者还有一批是翻译专业的硕士研究生和博士研究生，他们没有翻译的实践，仅是照搬西方的某个理论，用来评论现有的翻译文本，难免有隔靴搔痒的感觉。"就理论探讨而言，译者在翻译文本时是追求"信"度还是追求"效"度，这涉及翻译方法、翻译标准、翻译策略及翻译原则与要求等。然而，目前我国学术界对典籍英译标准与策略的系统研究仍处于缺乏状态。

（二）翻译人才缺乏

翻译一部中国典籍旷日持久，然而，现在我们国内几乎所有的高校，包括外语类的院校，几乎都不认可外语教师的翻译成果。同时出版社支付的稿酬也很微薄，这些现状使不少年轻学者望而却步，不愿意从事典籍英译的工作。目前我国多数从事典籍英译的资深专家已渐入高龄，而中青年人才又严重缺乏，出现了典籍英译者队伍断层的严峻现象。

三、重视典籍翻译与教育教学的结合

面对目前国内典籍英译的现状，国家必须加强典籍英译与教育教学的结合。然而，有关典籍英译的教学似乎被学者们忽视了。尽管已经出版了许多相关的教材，但它们并没有被广泛应用，因为有许多翻译教学单位还没有开设相关典籍英译的课程。有关典籍英译教学方面的论文也比较少，甚至一些重要的议题也并未提及。因此，国家教育部门应加快在高校设置典籍翻译专业的进程，并采取科学的教学方法，以培养更多专业典籍翻译人才。典籍翻译专业课程的设置对翻译教学的开展及翻译人才培养目标的实现具有重要作用，对中国"文化走出去"的实施具有重要意义。

（一）翻译理论建设与实践相结合

典籍翻译教学不仅要重视翻译实践也要加强翻译理论建设。事实证明，理论素养是翻译能力的重要组成部分，同时也是专业化知识必不可少的组成部分。翻译理论不仅有助于学生掌握一般和特定的翻译能力，还有助于学生在整个专业生涯中保持和提升自己的翻译能力。因此，加强翻译实践的同时教师也必须重视学生的翻译理论建设。

要建设典籍英译理论体系，应该以描述性翻译研究、翻译转换研究、以翻译为目的的文本分析和基于语料库的翻译研究为理论基础，四者相互联系，在逻辑方面互为依托，一起构筑典籍翻译理论建设的坚实底座。

描述性翻译包括三个研究方向，即产品研究、功能研究和过程研究。对于翻译产品的描述是理论建设的出发点，与此同时，为了研究典籍英译的规律，译者还要观察目的文本中源文本特征的转换结果，并推测这些特征在翻译过程中是如何被移植的。从这个意义上讲，翻译过程也是研究对象的过程。描述性翻译的功能不仅仅是对翻译实践进行观察和描述，更重要的是研究结果将被用来建立翻译原则和模式，即描述性翻译研究的结果最终将被用于翻译理论研究。

翻译转换研究可以简单地概括为把源语翻译到目的语中发生的细小变化。因此可以说，翻译转换概念的核心是"变化"或"差异"，而产生转换的根本原因取决于两个作者、两种语言和两种文学情境的差异。译者在使用翻译转换分析法前，必须明确其研究目的，从而确定描述何种类型的翻译转换。运用翻译转换进行翻译描述的时候，译者必须辨别源文本的独特特征，而这个工作就要借助以翻译为目的的文本分析来完成。

以翻译为目的的文本分析一般是指在实际翻译过程之前译者对源文本的各种特征进行的分析。大多数翻译理论家都认为，在进行典籍翻译之前译者只有通过对文本的分析才能确保全面、准确地理解和把握原文。

语料库的使用经常与翻译规范研究联系在一起，把语料库作为研究工具将会大大提升翻译规范性研究的深度、广度和准确度。在翻译研究中，语料库能真正做到分析数据化和定量化。翻译语料库还允许译者进行定性分析，定量分析与定性分析的结合，为客观、科学地研究提供了必备条件。所以，构建典籍翻译的理论体系，译者可以采用自建典籍英汉小型平行语料库的方式。在使用的过程中，译者可以对源文本中的各种特征和目的文本中的翻译转换特征进行标注，用这种方法通过统计和分析，译者可以比较清楚、准确地确定典籍翻译中存在的翻译规范，进而建立典籍翻译的翻译原则和模式，并最终建立典籍翻译的理论体系。

因此，一方面教师要注重典籍翻译实践，在课堂上安排一些实践活动，使学生积累对翻译的感性知识。另一方面教师要重视理论建设，积极引导学生构建典籍翻译理论体系，以提高学生的典籍翻译能力。

（二）重视文、史、哲三科知识的互通性

在我国当前的学科体制下，所有的教育似乎都可以量化为客观的知识和能力，如翻译水平等级考试。事实上，翻译教学作为一种人文教育，它需要学生建立独立的人格意识、创造力和想象力，以形成健全的价值取向和判断能力。因为翻译不仅仅是一种语言到另一种语言的转换，译者也不仅仅是原作者的影子。翻译其实是一种艺术的再创造。对同一部中国典籍的英译，不同的译者有不同的翻译风格，再加上时代背景及政治因素对译者的影响，译文往往也带有意识形态和价值取向。一名合格的译者需要有良好的修养和同情心，高尚的个人趣味和情操，对个人、家庭、国家以及天下有强烈的责任感，对人类的命运有勇敢的担当。以上这些素质是译者通过对文、史、哲三科的学习及通过对人类千百年积累下来的优秀成果的吸纳和认同逐渐形成的。中国典籍翻译课程的特殊之处在于，要求学生进行翻译的材料都是古典名篇，所以对文、史、哲这三方面基本知识的要求更高。学生在做典籍翻译的过程中，困难大多不是来自怎样进行有效的双语转换，而是来自对源语篇的正确、标准的理解。[a]

因此，在教学过程中，教师要加强对学生文、史、哲三科的培养，要求学生多读文、史、哲方面的优秀书籍。在教学方法上可采用"文化导入"式的方法，即教师适度对学生补充基本的文、史、哲常识，以此提升学生对经典文献的理解能力。学校要尽力为国家培养出更多专业优秀的典籍翻译人才，为弘扬中国传统文化做出贡献。

随着我国综合国力的不断增强，典籍翻译的需求量正在逐年加大。因此，我国需要进一步加强典籍翻译的学科建设，并逐步建立一支中英文造诣精湛、学识功底深厚的专业典籍翻译队伍和研究人员，将中华五千年文化的精华有计划、有系统地向世界传播。本节研究了我国典籍翻译的现状、目前面对的问题，并提出了解决的方案即重视典籍翻译教学，采取科学的教学方法以培养出更多专业优秀的典籍翻译人才。同时希望本节所做的探讨能有益于国内典籍翻译的学科建设，也期待着更多有识之士能不畏艰险，投身到典籍翻译这一崇高而艰巨的事业之中。

---

[a] 郭富强. 新英汉翻译理论与实践 [M]. 北京：机械工业出版社，2012.

第七节　文化建构与文化欠缺对英语翻译实践的影响

在英语翻译中，翻译者不仅要掌握正确的英语语法知识，还要了解英语文化背景，这样才能够正确地翻译出英语中所表达的情感以及具体的含义。所以，在英语翻译中要对文化欠缺的情况进行弥补，积极地对文化进行构建，以确保英语翻译的准确性。

一、文化缺失对英语翻译实践的影响

（一）语言表达不准确

在英语翻译实践中，文化缺失对其最明显的影响表现为语言表达不准确。英语与汉语本身就属于不同的语系，翻译者不了解英语国家的文化背景、风俗习惯、交际礼仪等，就会使翻译的内容与实际内容存在很大的偏差。翻译者受母语的影响，在学习英语的时候无论是发音还是对语法的掌握方面，都可能会出现一些问题。对英语进行翻译时，尽管能将基本的意思表达出来，但很难诠释其内涵。不了解中西方文化的差异，在翻译的时候可能导致翻译结果与实际意思完全相反。

（二）翻译方式错误

目前，大部分的英语翻译都采用的音译法，或者采用意译法，导致翻译的内容准确度不高，文化信息传递质量偏低。在翻译过程中，为尊重原作，翻译者会逐字逐句地翻译，在翻译的过程中不对语序进行调整，导致所传播的文化信息有所偏差。比如，将 The Old Man and the Sea 翻译成《老人与海》，这在内容与含义上无法保持一致性。

二、英语翻译中的文化构建

（一）对中西方文化进行融合

在对英语进行翻译时，翻译者应深刻地理解英语原作的内容及内涵，根据目标语的历史文化，结合实际的情况，将中西方文化进行深度融合，才能在翻译内容中表现出应有的文化内涵，达到比较好的翻译效果。比如，将 Gone with the wind 翻译成《乱世佳人》，将 Sords man 翻译成《笑傲江湖》等，这样能够保证内容与内涵上的一致性。

在对这些作品名称进行翻译时，既要了解中国文化，又要了解英语文化，这样才能通过中西方文化的融合，提高翻译的精准度，达到比较完美的翻译效果。

（二）遵循英语翻译原则

英语的翻译标准是在长时间的实践中总结出来的，翻译者必须对其有充分的了解，才能够保证翻译的正确性。在英语翻译实践中，翻译者不仅要将字面上的意思准确地翻译出来，还要将原文的情感进行准确的传达，使译文的表达方式、翻译风格能够基本与原文保持一致，这样读者才能真正地理解译文的内容。比如，"亚洲四小龙"不能直接翻译成"Asian Four Dragons"，而应该翻译成"Asian Four Tigers"；蓝色在中国文化中表示恬静淡雅的意思，但西方国家却认为 blue 代表着忧郁，所以在表达情绪比较低落的时候，要翻译成"in a blue mood"；红色在中国表示吉祥、喜庆等意思，但在西方国家却表示很血腥"bloody"的意思。在翻译的时候，要遵循目的语国家的语言习惯及翻译原则，以确保翻译的准确性。

（三）灵活选用翻译方式

根据翻译内容灵活的选择翻译方式，能够提高翻译质量。在英语翻译实践中，如果只采用一种翻译方式，必然会导致许多翻译错误或者不准确的地方。所以，要将多种翻译方式结合起来使用，以强化译文的理解力，诠释翻译文章的内涵。比如，对于"分明曲里愁云雨，似道萧萧郎不归"可采用模糊翻译的方式，翻译成"It's clear that the song is full of worry and sorrow. As if to complain that her lover has not yet return."以这样的方式翻译古诗词，能够让西方国家的人更好地理解其中的含义，其中还采用了意译的方法，否则西方人在理解中国古诗词的时候很难真正理解其中的意思。

综上所述，文化欠缺会对英语翻译实践产生不利的影响，因此，在英语翻译实践中应注意文化的重构。在实践中，不仅要重视对中西方文化进行融合，遵循英语翻译原则，还要灵活选用翻译方式，既能传递文字表面意思，又能传递文化情感信息以达到最好的翻译效果。

第四章 英语翻译的实践应用

第一节 交际翻译理论在商务英语翻译中的应用

随着我国外贸经济的快速发展，商务英语已经成为企业贸易间沟通的桥梁，商务英语翻译也就成了贸易中的一项重要工作。交际翻译理论符合这些要求并被广泛地应用到商务英语翻译中，使翻译达到了更好的效果。本节通过对交际翻译理论基本内容、商务英语翻译特点和交际翻译理论的适用性进行分析，阐述了交际翻译理论在商务英语翻译中的应用方向。

一、交际翻译理论概述

英国著名翻译教育家彼得·纽马克在1981年提出了语义翻译和交际翻译两个词汇，并把文本做了明确的分类，包括信息型、表达型和呼唤型，强调了在对原作或者译文进行翻译时，要紧贴原文。而彼得·纽马克的语义翻译理论主要强调对原文作者思维的过程进行重现，比较重视翻译中的内容，并且利用短小的句子对原文的单词、短语等进行表述。而交际翻译理论恰恰相反，强调翻译的语域要与目标文本相一致，更加注重翻译效果，交际翻译理论在翻译上一般是以段落为基础的，把目的语作为翻译中心，比较注重读者的理解和对翻译后的反应，主要是让读者能够读到真实客观的原文信息。彼得·纽马克认为，在翻译中，使用的方法是按照文本性质的不同进行选择的。在文本中，像小说、信件等文学文本，能够体现出作者和文本本身的，都属于表达型文本；而有些文本主要是要表述文本的内容和传递相关信息和知识，这类型的文本属于信息型文本。这种类型的文本要求的内容和书写格式比较规范，大部分的领域都可以应用；呼唤型文本主要的目的在于得到读者相应的反馈，把读者和作者紧密地联系在一起，如指南等属于呼唤型文本。彼得·纽马克认为，在表达型文本中，使用语义翻译比较合适，而交际翻译比较适合在信息型文本和呼唤型文本中使用。

二、交际翻译理论在商务英语翻译中的适用性

（一）对各国家间的文化不对等现象进行合理的调整

经济全球一体化给各个国家带来了巨大的机遇，同时也带来了挑战。各个国家的地域差异，导致各个国家的民族文化、风土人情和生活习惯等存在着巨大的差异，从而使各国的文化出现了不对等的现象。而交际翻译理论的目的就在于把原文的主旨通过适当的语言表达出来，并实现翻译后的文意和原文本的文意相同，让读者的感受和原作者达到同样的阅读效果，从而实现准确交际的目的。所以，在中西方民族文化存在巨大差异的环境下，翻译人员要对不同国家的民族文化进行了解和掌握，并使用适当的语言，把各国的民族文化进行等值的信息交流。在实际英语应用中，经常会出现同一个词在不同文化背景下有不同的意义的现象。

（二）能够使译文与原文的语义进行信息对等

交际翻译理论的观点中表述了翻译的目的在于对原文的信息进行准确的传达，翻译中所做的所有工作必须服务于整体译文的翻译效果。而商务英语翻译的最基本要求就是要保持译文信息要与原文信息对等，实现信息的等值传递。在这种情况下，翻译工作者对部分特殊信息进行翻译时，要根据不同的文化差异、不同的环境，对信息进行相应处理。在现实的商务英语翻译中，有很多翻译者对词汇进行了直译，使翻译前词汇所表述的信息和翻译后所表述的信息不能等值，从而出现了很多错误。例如，我国很多"国家二级企业"被翻译成"State Second-class Enterprise"，而"Second-class"在英语中，具有质量下降的意思，既影响了企业的形象，也给企业的扩大和发展带来较坏的影响。我们可以把这个词语用"State-level II Enterprise"来翻译，相对会好很多。所以，在商务英语翻译中，翻译工作者要对自己的工作极度负责，防止类似事件出现，带来不好的影响。

（三）要求用词必须准确、严谨

由于商务英语是一项专业的技术活动，直接关系着企业的经济利益，所以，在商务英语翻译中，翻译者在进行翻译时必须用词严谨、准确，表面意义不仅要准确，同时其所表达的深层含义也要准确地传达。如果在翻译中，出现了很多词语进行直译的现象，没有相应的商务知识做指导，就不能准确地表达出原文的意思，甚至与原文意思相悖。例如，在日常生活中，我们会把白酒直接翻译成"white wine"，从字面上来看，我们的翻译好像没有错误。但是在英语中，"wine"一般特指用水果为原料来酿造的酒，

如 apple wine 等。当"wine"前没有任何修饰语时，它的含义是指葡萄酒，从字面意思来看就是"白葡萄酒"的意思。这样就使单词和表述的含义有所差别，从而出现错误。

三、交际翻译理论在商务英语翻译中应用的方向

（一）交际翻译理论在商务英语翻译中的直译应用

在商务英语翻译中，一般分为直译、意译和转译三个部分。而交际翻译理论在商务英语翻译中的应用并没有否定语义翻译在商务英语翻译中的地位，而交际翻译理论在直译中的应用也充分地证明了这一点。交际翻译理论的直译应用，简单易懂，很容易被双方国家所接受，同时又可以提供更好的交流意境，既有本国的语言韵味，也具有对方国家的语言风格，有利于双方国家的交流和合作的促成[a]。

（二）交际翻译理论在商务英语翻译中的意译应用

通过理解原始文本的内在含义，进行内容的形象表达，从而实现信息的传递。这种翻译方式是交际翻译理论在商务英语翻译中的意译方式。英语与汉语在很多表达方式上都是相似的，如对于某些事物或者动作使用比喻的方式进行表达，在英语中也经常会用到。如果遇见带有比喻等手法的英语，对其使用直译的方式进行翻译，就不能达到很好的翻译效果，也会阻碍双方的正常沟通和交流。如"He was born with a silver spoon in his mouth"，对于这一句的直译可以翻译成为"他出生的时候嘴里含着银匙"。这句话很明显是不符合常理的，这种翻译也不容易让人理解此句话的深层含义。而交际翻译理论的意译应用就可以把这句话利用比喻的手法进行联想、翻译，能够真正地体会到原文所要表达的含义。事实上，可以含着银匙出生的人说明他从出生起就比较富有。在正常的表达中，出现发音或者表达不清楚的文本很正常，我们可以利用交际翻译理论对其进行合理的调整，以使商务英语翻译达到更好的效果。

（三）交际翻译理论在商务英语翻译中的转译应用

在商务英语翻译中，交际翻译理论的直译和意译的应用在运用和表述上相对简单，浅显易懂，而转译就需要翻译人员具有较强的专业技能和深厚的文化知识积累，才能把原文的含义表述得淋漓尽致。转译不能单单通过字面或者比喻对原文进行翻译，而必须把原文中语句所描述的事物转换成另外一种事物，并做出更多的调整，来实现双方文化的沟通和交流，相对于直译或者是意译，难度增加了很多。交际翻译理论的应

---

[a] 陆巧玲，周晓玲. 网络环境下大学英语教学改革理论与实践[M]. 上海：上海交通大学出版社，2012.

用能够把一个事物转换成另一个事物进行描述，也可以把静态和动态互转，最终来达到信息的传递的目的。

第二节　翻译策略在大学英语四级考试段落翻译中的应用

大学英语四级考试的翻译部分由单句汉译英调整为段落汉译英，对考生的能力要求更高。本节从考生需求出发分析了几种常用的翻译策略在这一题型中的应用。

一、直译与意译

对于直译和意译，我们很难说孰优孰劣。直译既忠实原文内容，又符合原文的结构形式；意译在忠实原文内容的前提下，摆脱原文结构的束缚，使译文符合目的语的规范。当然，"直译"不等于"死译"，"意译"也不等于"乱译"。在翻译的过程中我们往往需要把二者结合起来使用。

原文：很多年轻人想要通过旅行体验不同的文化、丰富知识、拓宽视野。（2014年12月）

译文：Many young people want to experience different cultures, enrich their knowledge, and broaden their horizon through travel.

原文中三个动宾结构并列，结构整齐，在译文中也采用了同样的结构，既传达了原文的意思，又保留了原文的结构。

原文：该比例在所有核能力国家中居第30位，几乎是最低的。（2014年6月）

译文：The proportion ranks 30th among all countries possessing nuclear energy, which is almost the lowest.

原文中"核能力国家"不采用直译而是意译为 countries possessing nuclear energy，表达更规范。

二、词类转换法

英汉两种语言在语法、表达方式等多方面存在着诸多差异，由此也导致了对于词类的不同使用方式和习惯。为了使译文符合英语的表达习惯，我们需要灵活运用词类转换策略来完成翻译。

原文：大熊猫是一种温驯的动物，长着独特的黑白皮毛。（2014年12月）

译文：The giant panda is a kind of docile animal with unique black and white fur.

相对于英语而言，汉语中动词使用较为频繁，而且既没有人称和时态的变化，也没有谓语动词和非谓语动词之分。在翻译的时候我们就需要根据英语的习惯将汉语中的动词转换成其他词类。在此例中，译文用 is 作为谓语动词，"长着"译为 with，这样更符合英语表达习惯。

三、语态转换法

汉语句子重意义和功能；语法呈隐含性，它的语法标志如时态、语态、语气等都是包含在句子中间，需要去判断。而英语重形式，时态、语态、语气等都有明显的标志。

原文：中国南方大多种植水稻。（2015年6月）

译文：Rice is grown in most areas of northern of China.

原文中的主语虽然缺失但仍能表意，在汉译英的时候我们就需要注重形式。译文用 rice 做主语，符合英语表达习惯。

四、语序调整法

汉语中状语的位置较灵活，而英语较固定，一般置于句末。例如："中国其他地区的著名景点和历史名胜"译为"the famous scenic spots and historical resorts in other parts of China"。又如：

原文：在中外游客眼中，这个古镇被视为爱情和浪漫的天堂。（2015年12月）

译文：This ancient town is regarded as the paradise of love and romance in the eyes of both Chinese and foreign visitors.

从动词的角度看，汉语按照动作的先后顺序叙事，英语则有所不同。

原文：中国结……经过数百年不断的改进，已经成为一种优雅多彩的艺术和工艺。（2013年12月）

译　文：The Chinese knot, has become an elegant and colorful art and craft over hundreds of years'improvement.

第三节 翻译文化传播中的互文翻译观及其应用

互文翻译观在翻译文化传播中主要贯穿着两条轴线,一条是作者和读者的轴线,另一条是此文本和其他文本的轴线,但在轴线上的双方并不是完全割裂的,而是在不断对话的,翻译作品有着独立的文本特性,也就是说,翻译者在翻译活动中的主观能动性得到了充分的肯定。近年来在翻译文化传播中互文翻译观的影响力日益增强,引起了广泛的思考和研究,让更多的人了解到国内外英语翻译和教学中的最新学术研究成果。

在众多相关研究的基础上,笔者就翻译文化传播中的互文翻译观进行了以下三个方面的思考:

一、互文翻译观的特征和意义

互文翻译观并不是两种语言在词汇和语法上的一一对应。在翻译教学中,对学生翻译能力的培养不仅要从字词句出发,更要从文本的意义和文化的内涵出发来更透彻地了解文本的意义和意图,从而在翻译中更好地表达出作者原本的意思和译者自我的思考。在现代翻译文化传播中,互文翻译观掀起了一股多重文化话语碰撞和融合的发展趋势,以互文性翻译作为连接语言和文化之间的脉络,让原文本和翻译文本虽然身处相对独立的语言符号系统中,但是在文化意义上紧密相连,在这样的翻译文化传播背景下,对学生的英语学习提出了更高的要求。互文翻译观在翻译文化传播活动中表现出跨文化传播的时代特性,相对传统的翻译有明显的优势,就是在英语翻译与教学中开始加入对文化背景和思想内涵的深入思考,在语言符号的翻译转换过程中一旦出现形式和内容矛盾,优先保存翻译文本的原作意图和文化意义,从而达到英语翻译的准确性、文化丰富性和译者主观性。[a]

二、互文翻译观在翻译文化传播中的应用情况

在翻译文化传播中,互文翻译观正在被广泛应用,尤其是在英语翻译教学中,教师开始尝试让学生在新媒体和互联网的帮助下开展发散性的思维训练,在翻译教学

---

[a] 王成云,闫红梅.汉英翻译理论与实践[M].北京:人民日报出版社,2015.

中开始注意文化与文化之间的动态关系和意图关联,让英语翻译兼具语言和文化上的协调和精准,培养更符合现代跨文化翻译传播的优秀人才。在当前翻译文化传播中互文翻译观的影响下,我们越来越认识到语言与语言之间开放的、动态的、多元文化和意义系统上的异同,也为现在的开放式翻译教学提供了新的角度,为培养翻译人才创设了更加平等、民主和互动的翻译文化氛围,激发学生的想象力、创新力和发散性思维。

三、互文翻译观在翻译文化传播中的应用策略

从教学模式来说,互文翻译观要求我们以更加开放和主观的方式进行教学改革,在教师和学生之间,在英语原文本和中文翻译文本之间,在语言符号系统和语言文化系统之间形成开放性和主观性的紧密联系。从教学内容上说,以互文翻译观为理论基础的翻译文化传播要求我们在英语翻译教学中重视语言文化的学习,将文化教学和语言教学摆在同等重要的地位,在文本翻译中不仅要调动翻译语言上的知识,还要从中英文化的异同上进行整体性的翻译、转换或替换翻译文化语境中的符号和意义系统,确保在剥离了原文本之后,翻译文本仍然具有独立的文化意义和文本价值,能够为翻译传播中的受众所理解和接受。

以上就是笔者对翻译文化传播中的互文翻译观及其应用的几点思考,简要论述了互文翻译观的发展背景、应用情况和在英语翻译教学中的应用策略,对改进和推动当前英语翻译教学和翻译文化的传播发展起到了一定的积极作用。英语翻译是一个以翻译文化传播为基础背景的互文理解和主动性创作的活动,它有着很强的语言性质、文化性质和交际性质。总之,翻译文化传播中的互文翻译观是符合当前跨文化语言传播语境的,它有助于在英语翻译教学中对文化教学和文化传播上的学习,从而培养出更符合时代发展趋势和社会交际需求的复合型英语翻译人才。

第四节 商务英语中虚拟语气的翻译及应用

商务英语是当代英语的重要分支,是国际贸易中的通用官方语言。商务英语的礼貌表达在商务活动中尤为重要,越来越受学习者的重视。商务涉及面非常广泛,包括金融、保险、合同、市场营销及对外贸易等,涉及权利和义务的方方面面,在运用商

务英语时，要注重其语言的严谨性和准确性。虚拟语气的恰当使用能创造良好的商务环境，建立和谐的洽谈氛围，给对方留下举止得体的良好印象，从而加快双方之间贸易的进程，最终达成双方各自预期的理想目标[a]。

一、虚拟语气的定义与用法

（一）虚拟语气的定义

语气是动词形式的一种，表示说话者对某一行为或发生的事情及其所处状态持有的态度和看法。英语中有三种语气：陈述语气、祈使语气和虚拟语气。当说话者所表达的内容是与事实相反的假设或者实现的可能性极小，或者只是一种主观愿望、请求、建议等，称之为虚拟语气。

（二）虚拟语气的用法

第一，虚拟语气用在非真实条件句中，主句和从句动词形式一般较为固定，具体分为以下几种：

（1）与现在情况相反的虚拟语气：表示与说话时的事实相反或根本不存在的情况。

例如：If I were you, I would take full use of the opportunity.（如果我是你，我会充分利用这个机会。）

（2）与过去情况相反的虚拟语气：表示与过去事实相反的情况。

例如：If the company had enough fund, it would not have gone bankrupt.（如果这家公司有足够的资金，它就不会倒闭了。事实是：当初由于资金不足，公司已经倒闭了）

（3）与将来情况相反的虚拟语气：表示对未来情况的主观推测，此推测可能与事实相反或可能性极小。

例如：If it should be fine tomorrow, we would climb mountain.（如果明天天气好，我们就待在家里。）

第二，虚拟语气用在主语从句中。it 做形式主语，句型为 It is necessary\essential\important\significant\natural\advisable\vital\urgent\strange that，动词谓语形式为 should+动词原形。

例如：It is necessary that you should sign the contract in time.（你应该及时签好这项合同。）

第三，虚拟语气用在表示建议、命令、请求的动词所接的宾语从句和名词所接的同位语中。这类词中有 advise（advice）、propose（proposal）、suggest（suggestion）、

---

[a] 杜春雷. 实用商务英语函电 [M]. 南京：东南大学出版社，2014.

order、ask、require（requirement）等。

例如：I suggest that we should hold a meeting next week.（我建议我们下星期应该举行会议。）

I make a proposal that we should get more people attend the conference.（我建议我们应该让更多的人参加会议。）

二、商务英语中虚拟语气的翻译原则

商务英语是人们在商务贸易往来中使用的一种英语文体，应用于各种国际商务工作及国际职场中。商务英语的恰当表达能够营造出和谐融洽的氛围，有助于达成协议。从某种程度上来说，商务英语实际上是商务背景下专业知识和语言运用的综合运用。专业化、口语化及实用性是商务英语最显著的特点。虚拟语气运用于商务英语时，要注重其本质特点，翻译过程要遵循以下原则：

（一）准确性原则

商务英语措辞严谨规范，语言精练准确，因此在翻译过程中要力求准确无误，对于含有虚拟语气的句式翻译也是如此。首先要在正确理解原文的基础上，把握句子的语法结构，这就要求牢记虚拟语气的表达方式，正确把握虚拟语气的使用情况和语用功能。

例如：Should the sellers be unable to cover insurance and open L\C at once, the buyers'loss would be born by the sellers.（如卖方不能及时保险和开具信用证，买方一切损失由卖方负责。）

首先可以判断，这是一个省略了 if 的虚拟条件句，从而准确把握了该句的语法结构，另外，还要注意"L\C（信用证）""The sellers（卖方）""The buyers（买方）""cover（保险）"这些专业词汇，要对这些专业词汇进行正确的翻译，才能将这句含有虚拟语气的句子准确无误地翻译出来。

（二）实用性原则

商务英语的文体属于实用类型，其表达的内容以及读者具有很强的目的性，所以文体要正式，措辞要严谨。文体方面不需要使用大量华丽的辞藻来增加写作的效果，一般只需简洁易懂的正式语体即可。写作中作者要明确自己的态度，切忌使用模棱两可意思的单词，否则会影响最初表达的目的。

例如：在表达希望收到对方回信时的信函结尾处，常用固定的表达文体。

We would appreciate if you could send us your reply.（如能收到对方来信，我方将不胜感激。）

在长期的国际贸易交流中，一些实用简洁的固定句型已经被外贸工作者广泛接受并使用，而过于生硬、复杂的书面文体交流会使对方感到不受尊重与重视。

（三）礼貌性原则

由于汉语中没有虚拟语气，所以在商务英语中翻译含有虚拟语气的句子时，要注意礼貌性原则的使用，句子翻译要显得语气委婉含蓄，从而能避免不必要的冲突和矛盾。

例如：We leave the insurance arrangement to you but we wish that you could have the goods covered against all risks.（保险事宜交由贵方安排，但希望贵方能为该货物保一切险。）

例句中采用动词的虚拟语气，使得商务洽谈中交易双方的语气大为缓和。在翻译的时候要顾及对方面子，采用礼貌含蓄的语言策略，从而实现预期交际效果，促成最终交易。

三、虚拟语气在商务英语中的应用

虚拟语气作为一种重要的修辞手段，广泛应用于商务函电、商务合同及商务谈判等各种交流形式中，有效地促进了商务活动的正常进行。

（一）虚拟语气在商务函电中的应用

在商务函电中，写信人若采用陈述语气提建议时，会显得过于肯定绝对，从而使对方产生反感厌恶的情绪。而虚拟语气恰恰能使表达者的语气更加礼貌客气，让收信人心理上容易接受写信人的观点，从而达到双方能够进一步交流的目的。因此，常常通过使用虚拟语气来委婉表达自己的建议与想法，谓语多用 should、would、could、might+do 的形式。

例如：① We would prefer an alternation of payment terms and a discount of 5% in your price.（我们希望选择一种支付方式并以贵方价格 5% 的折扣成交。）

② We prefer an alternation of payment terms and a discount of 5% in your price.（我们宁愿选择一种支付方式并以贵方价格 5% 的折扣成交。）

从以上例句看出，句型①使用了虚拟语气之后，语气明显比句型②显得委婉客气，从而达到更好的交流目的。

（二）虚拟语气在商务合同中的应用

商务合同是双方达成协议所签订的一种具有法律效力的文本，其语言风格较正式规范、准确严谨。虚拟语气的使用恰恰能缓解紧张严肃的气氛。

例1：（1）It is required that both parties should abide by the terms and conditions of the contract.（要求双方都应遵守该合同条款。）

（2）We require that both parties should abide by the terms and conditions of the contract.（我们要求双方都应遵守该合同条款。）

例2：（1）It is necessary that one party should inform another party in advance.（一方有必要提前通知另一方。）

（2）one party should inform another party in advance.（一方应该要提前通知另一方。）

以上两个例子，句型（1）使用了被动语态的虚拟语气，句型（2）使用的是主动语态的陈述语气。可以看出把主动句转化成含虚拟语气的被动句，既能准确表达旨意，又容易使他人接受，而主动句会给人一种强制命令的感觉。

（三）虚拟语气在商务谈判中的应用

在国际商务谈判中，不同国家之间的文化、宗教信仰及风俗习惯都有很大差异，为了避免在交流过程中产生误会，常常会用到虚拟语气。

例如：If you could make a concession, we would order more commodities.（如果贵方能做出让步，我方将会订更多的货物。）

从以上例子看到，当谈判一方因各种因素不能接受对方所提出的条件时，如果采用生硬直白的拒绝会使谈判陷入僵局，并且可能会失去将来的合作机会，而采用虚拟语气这种比较委婉的表达方式能缓和紧张的气氛，有利于谈判的顺利进行。

商务英语因其实用性强的特点在商务活动中得到广泛使用，虚拟语气作为一种重要的修辞手段，在运用商务英语交流时不仅能缓和交谈气氛，而且其委婉的表达方式能够促进人与人之间愉快和谐的交流。有时出于应对多变的市场行情或者考虑到对方所在国的风俗习惯，运用虚拟语气可以使表达的内容不仅含蓄委婉、有礼貌，同时还能让对方明白真实的意图。作为商务英语的运用者，要善于发现和分析其中礼貌的表达方式，掌握其特点以及在实践中的具体使用，这对于在商务活动中正确使用商务英语具有重要的现实意义。

第五节　暗喻在英语广告及翻译中的应用

经济全球化和市场国际化的不断发展，使得广告无处不在，已经成为众多商家、企业和消费者了解商品信息的重要途径。要想在激烈的竞争下占据一席之地，必须充分地展现出产品的优势，而产品广告宣传是企业的首选。广告设计者需要调动一切的语言资源，以充分表现出广告的目标，使消费者及他人对产品有深入的了解，因此，在英语广告中几乎所有的修辞手段都有所运用。基于此，教师要注重更新教育观念，改善教学方法，进一步提高大学生的英语翻译水平。本节以大学英语翻译教学实践情况的现状为立足点，从暗喻的修辞手法入手，探讨在英语广告中暗喻修辞的应用及其翻译方法。

一、英语广告的特点

（一）词汇特点

在英语广告中可发现词汇丰富多彩，且富有感染力，并在力求简洁的同时又不失语言的鲜明、个性。通常英语广告都会运用准确的词语来表达产品的信息，让读者能一目了然，记忆深刻。比如：Just do it.（只管去做。），Good to the last drop.（滴滴香浓，意犹未尽。）

（二）语法特点

英语广告在语法上具有运用多种语法的特点。简单句为主，复合句较少。祈使句也经常使用，有时也使用省略句来增强广告宣传的效果。比如，简单句：Take time to indulge.（尽情享受吧！）祈使句：Obey your thirst.（服从你的渴望。）

（三）修辞特点

运用修辞手法可使广告的创意与效果增强。广告语作为一种宣传性的语言，经常会运用到各种各样的修辞手法。尤其是暗喻手法的运用，可增强广告语的语言气势，让其节奏感更强，增强了读者的形象思维，有助于强调广告内容，使广告独具魅力。比如，Ask for more！（渴望无限！），Start ahead.（成功之路，从头开始。）

二、暗喻修辞在英语广告中的运用

暗喻：metaphor（一种修辞手段，如夜幕 the curtain of night）。meta 含有 across 的意思。暗喻需涉及两个事物，一个是完整的暗喻主体，一个是喻体。暗喻是一种语用现象，需要在特定的文化背景或上下文语境中才能确定。其基本的用法是通过表述某一事物的词或者词组来比喻另外一种事物。英语广告中经常会运用到各种不同的修辞手法，以达到广告宣传的最佳效果。

（一）类比个性属性

类比个性属性就是联系一个事物的相关特点，对其进行类比，通过类比来突出产品的优越性。比如，Breakfast without orange juice is like a day without sunshine.（缺少橘汁的早餐就像缺少阳光的日子。）此广告中橘汁是本体，没有阳光的日子是喻体，将没有橘汁的早餐比喻成为没有阳光的日子。广告中巧妙地运用比喻的修辞手法，表示了橘汁在早餐中的重要性。有阳光的日子是人人都喜欢的、渴望的，运用有阳光的日子将橘汁的重要性展现无遗，向读者表明了橘汁的重要性，并引导橘汁是早餐之选，是必不可少的。

（二）凸显专长优势

突出某一事物的特点或优点，来展示广告产品的优越性，这也是暗喻常见的运用手法。例如，Made in paradise.（天堂制造。）The taste of paradise.（天堂口味。）以上两则广告都有一个相同之处，就是采用了一种价值暗喻的方法，充分借用信仰提升产品的价值，为其增加了"尊贵"的概念，意图通过暗喻，提高商品的地位与价值，让更多的读者对广告产品产生好感，从而产生购买的欲望与诉求，真正达到广告的效果，把产品的价值体现出来。

三、英语广告中暗喻的翻译

英语广告中暗喻的翻译方式对其广告的效果有很大的影响，如果能够对英语广告暗喻巧妙地翻译，发挥出暗喻生动形象的作用，发挥出暗喻的奇妙效果，就是最佳的翻译方式。通常英语广告中暗喻的翻译方式有直译、意译和活译三种方式，具体运用哪一种方式进行翻译，要根据不同的广告去选择。

（一）直译法

直译法是一种较为通用的英语广告翻译方法，就是把英语广告中的句子看作基本单位，逐字逐句翻译，并根据广告的语境保留原来句子的结构及修辞手法，重现原文内容。直译要求语言通俗易懂，能准确表达广告的意思。例如，Our eyebrow pencils are as soft as petals.（眉笔像花瓣一样柔和。）这则广告运用了暗喻的修辞手段，通过想象把产品比喻成了柔软的花瓣，比喻恰当贴切，不知不觉让读者生出一份柔情，进而产生购买产品的欲望。

（二）意译法

意译法的初衷是为了让翻译更鲜活，更有韵味。在直译时无法体现出原广告的意蕴，直译不出原文的意思与味道，或者读起来别扭难懂，那么在此情况下就需要译者改变原来的句子结构或者修辞手法，另外运用与原句意思相近的字词来表达，并重新组织、理顺，从而表达出原文的意蕴与精神。例如，We are one of America's most sought after national consulting firms for one reason our technological edge...（因为有先进的技术优势，我们才能成为美国最受欢迎的国家级咨询公司之一……）例句中的"edge"是一个名词，如果翻译成"边缘""尖锐"等，那么就会失去原有的灵动，不符合原文的意思，无法体现出广告所要表达的咨询公司的优势之处。但如果翻译成"优势"则大不相同，这样不但把咨询公司的优势展示出来，还传递出此公司的可靠之处。

（三）活译法

活译法是一种直译与意译相结合的翻译方法，两者相结合，能将广告的意蕴传神地表达出来。活译法要在忠于原文的前提下，根据句子、字、词等来判断需要运用哪一种翻译方法。因为同一个词、词组在不同的广告中可能表达的意思是不一样的，所以有可能需要运用到直译或意译或活译。因而，译者只有正确运用才能确保翻译的准确性。例如，Blessed by year round good weather Spain is a magnet for sun worship and holiday makers…（蒙上帝保佑，西班牙四季如春，宛如一块磁铁，吸引着酷爱阳光、爱好度假的人们……）例句采用了直译加意译的方法来处理此广告的翻译，将暗喻变为明喻，翻译出比喻的意义，进而将西班牙的美好展现出来，吸引读者。而把西班牙比喻成为磁场，意思就是西班牙有很大的吸引力，能够吸引众多的游客前去旅游。通过阅读这条广告，人们萌发了去西班牙旅游的欲望。

总之，教师要注重更新教育观念，改善教学方法，进一步提高大学生的英语翻译水平。广告中的暗喻翻译讲究的是语言的艺术、形式的艺术、修辞的艺术，并通过准确的翻译将暗喻的意蕴表达出来。英语广告中的修辞与形式，不仅取决于修辞手段的奇妙作用，更取决于其翻译的精准与否。暗喻修辞手段用得生动形象、巧妙，会令人难忘。因此，译者在翻译英语广告时要充分了解广告产品，在了解之上选择恰当的翻译方法，再现原广告中的语言特点，展示广告的魅力。

第六节　汉英对比在大学英语写作和翻译教学中的应用

大学英语教学受课时所限，大多以"综合英语"课程教学为主，采取语篇讲解的方式，英语翻译和写作教学流于形式。学生语言输出困难并且汉式英语现象严重。英语写作和英汉互译是大学生必须掌握的重要语言技能，但是英语写作和翻译能力的提高却是大学英语教学中的难点，尤其是如何帮助学生克服带着汉语思维进行英语表达。"英汉语言对比研究侧重于表现英汉的共时对比分析，旨在寻找、描述并解释英汉的异同，尤其是不同之处和特殊之处，并将研究的结果应用于有关领域。"本节从汉英对比研究的角度研究英语词汇教学、句法教学、语法教学和语篇教学，以期切实提高学生的英语写作和翻译水平。

一、英语词汇

从汉英对比的角度研究英语词汇教学，主要通过对比英汉词汇在构词形态、语义关系和文化方面的差异来指导英语词汇教学。

（一）构成形态

总的来说，英语通过词形变化，表达词性和语法关系，汉语则通过虚词或语境来进行表达。英语写作时，学生往往在英语单词不同的词性上犯错误。例如，"老师就像我人生中的一盏明灯"，大量同学造句如下"He likes a light in my life."忽视了 like 意为"像……"时是介词，应当使用系表结构。正确的表述应该是"He is like a light in my life.""古人将狮子视作勇敢和力量的化身"，很多同学将"勇敢"翻译成"brave"或"bravery"，都是错误的。正确的译法应该是"Ancient people regarded the lion as a symbol of braveness and strength." Brave 是形容词，bravery 是学生生造出来的错词。

另外，英语包括大量的前缀和后缀。英语的一缀多义和一义多缀，不仅规模大，数量多，而且种类齐全，汉语则较少。如汉语的"超"在英文中可有以下前缀：

super-、over-、hyper-、ultra-、sur-、extra-，如：supersonic——超声速，over staff——超编，hyper normal——超常，surpass——超越，extraordinary——超卓。英语词汇教学中指导学生正确掌握英语的词缀可以有效地提高词汇学习效率。

（二）语义关系

"从英汉对比研究的角度，英汉词语的语义关系包括对应、近似、并行、包孕、交叉、替换、空缺以及冲突。英汉语义的差异包括贬褒、宽窄、新旧、感情色彩、民族风韵、国情特色以及语用背景。"例如，opera 这个单词指代的是源于西方的歌剧，中国的京剧源于北京，与之虽有相似之处但差别较大，两者的语义关系属于交叉，京剧可翻译成"Beijing opera"。英语中的 play 基本上等同于中国的话剧，两者语义关系属于近似。英语 rice 可以概括汉语的"米、稻、谷、米饭"；temple 可以概括汉语的"庙宇、寺院、圣堂、神殿、教堂"，这些语义关系均属于包含。这种语义关系在简易词典或电子词典中往往得不到充分反映，教师应要求学生养成查阅"朗文"或《牛津高阶英汉双解词典》的习惯。

（三）文化差异

词汇不仅表达词义，更是文化的载体。在跨文化交际日益深入的 21 世纪，大学英语教学中文化词汇的教学尤显重要。Affair 一词除了有事情、事务的意思之外，还有"与配偶以外的人发生的性关系"的意思，尤其用在"have an affair with sb"的句型中，应谨慎使用。学生表达"恋人、爱人"的意思时，喜欢使用"lover"一词，殊不知 lover 意指"（婚外恋）的伴侣，情人（通常指男性）"，和它对应的词是 mistress，情妇的意思，英语常用"love"表示"恋人、爱人"的意思。教师教学中应强调英语词汇的文化内涵，为学生以后跨文化交际的顺利开展做好准备。

二、英语句法教学

（一）英语主谓句和汉语的话题句

英语是主谓结构的语言，每个句子都有（逻辑）主语和（逻辑）谓语，两者不可或缺。乔姆斯基（Chomsky）的转换生成语法把句子基本生成规则归结为："S(sentence)=NP(noun phrase)+VP(verb phrase)"。汉语大都是"话题(topic)+说明(comment)"的结构，以话题为中心，然后说明和话题有关的事。

学生英语写作和翻译中最突出的问题就是主语缺失或主谓搭配不正确。例如，"没有调查，就没有发言权"，这是典型的汉语"无主句"或"话题句"英语表达必须增加虚主语，"He who makes no investigation has no right to speak." "房间够4到10个家庭的差不多20口人住"，很多同学翻译成"The room can live about twenty people from four to ten families."这是典型的汉语思维，"房间住……人"，但不符合英语的表达习惯。正确的表达方式应该是"The room is big enough for about twenty people from four to ten families to live."或者"The room can accommodate about twenty people from four to ten families."

因此，在英语写作和翻译教学中，教师应引导学生掌握内在联系正确断句，实现汉语话题句和英语主谓句的准确转换。

（二）英语的"形合法"和汉语的"意合法"

王力最早提出了英汉句式"形合"和"意合"的差异，简而言之，英语的"形合"是指英语句子之间的逻辑关系是通过关联词等语言形式手段进行体现，汉语的"意合"是指汉语句子之间的逻辑关系是通过语境来体现。汉语的连接手段往往表现为隐性连接，而英语的连接手段往往表现为显性连接。因此，在英语写作和英汉翻译教学中，应该注意两者之间的相互转换，尤其是在汉语的诗词和成语的翻译时，避免汉式英语或欧式汉语。

如以下两句汉译英中，斜体标出的为补充的英语连接词。

她不老实，我不能信任她。（*Because* she is not honest, I can't trust her.）

人不犯我，我不犯人。（We will not attack *unless* we are attacked.）

如以下的汉语诗句翻译：

横看成岭侧成峰。（*If* you look at the mountain from its front, it looks like a whole range, but *if* you look at it from its side, it looks like a single peak.）

这句汉诗的英译中，我们根据英语的表达习惯增加了连词 if、but 以及虚主语 you、it 和宾语 the mountain 和 it。

（三）英语被动句和汉语主动句

被动语态的使用是英语中比较常见的语法现象和表达习惯，尤其在信息类的文体和科普性文体中。汉语写作中常用意义被动式而很少使用结构被动式。学生英语写作和翻译练习时，被动语态不恰当的缺省也是突出问题，尤其是不同时态被动语态的使用。

如以下汉译英中，斜体标出的为不同时态的汉语意义被动式向英语形式被动式的转换。

这个小男孩在放学回家的路上受了伤。

The little boy *was* hurt on his way home from school.

门锁好了。

The door *has* been locked up.

新教材在印刷中。

New textbooks *are* being printed.

三、英语语篇教学

（一）替换与重复

汉语喜欢重复，或是为了强调，或是为了平衡朗读节奏。英语反感重复，力求行文简洁。英语写作和汉译英时，应尽量避免重复，以便符合英语民族的语言心理习惯。

如：这是革命的春天，这是人民的春天，这是科学的春天！让我们张开双臂，热烈拥抱这个春天吧！

Let us stretch out our arms to embrace the spring, which is one of the revolution, of the people, and of science.

（二）形和与意合

前文中提到的汉语和英语在造句上意合的差异，同样存在于语篇中。汉语多用隐性的语篇连接词，相比之下，英语的语篇连接多为显性。在英语写作教学中，要强调英语关联词的正确使用，以便行文通畅。汉译英时，应该首先梳理出原文中最重要的信息，将其装入目的语主句中，而将原文中次要信息装入目的语的从句或短语中，并添加形式连接词。

如：达尔文一生多病，不能多做工，每天只能做一点钟的工作。你们看他的成绩！每天花一点时间看10页有用的书，每年可看3600多页书，30年可读11万页书。

Charles Darwin could only work one hour a day due to ill health. Yet what a remarkable man he was! If you spend one hour a day reading ten pages of a book, you can finish more than 3,600 pages a year, and 110,000 pages in three years.（张培基译）

（三）直线形与螺旋式

总体看来，英汉语篇呈现直线形与螺旋式的逻辑特点。在英语写作教学中，要引导学生注重主题句的明确设定，通常把它置于段首。英译汉时引导学生要破句重组，化繁为简；汉译英时常常要化简为繁，组合成复合句或长句。

如：While Huxley is right, of course, that the elements released during the combustion of coal return to the environment, an enormous number of Victorians would have experienced that return in the form of blackened skies, soot-covered buildings, filthy waterways and streets, and respiratory ailments directly attributable to the toxic atmosphere.

赫胥黎认为，煤在燃烧过程中产生的排放物会返回到环境中，这一观点当然是正确的。然而，维多利亚时代的许多人对这种返回的体会则是：生活在布满阴霾的天空下、烟熏黑的建筑里，肮脏的水沟和街道上，而且在这种有毒的大气中生活还会直接让人罹患呼吸道疾病。

以上汉语译文将这一复合句的主从句重组为两句，通过增加连词"然而"体现逻辑关系。并且将原句中冗长的形式状语重组为译文中的表语，通过使用冒号加以突出，实现了化繁为简。

本节主要从构词、语法、句法和篇章四个层面对比研究了英汉两种语言的差异以及对英语写作和翻译的影响，并提出了可行的教学应对策略，这些策略是大学英语教学的新思路和新方法，有助于改善传统大学英语教学重语言输入，轻语言输出的现状，提高学生语言输出的能力，切实提高大学英语写作和翻译教学质量，从而适应我国经济发展和国际交流的需要。

第七节 大学英语翻译教学中语境理论的应用

随着我国经济水平的不断发展，对外开放的程度也在大幅度增加，与国外的交流也在日益增多。作为国际通用语言，英语就显得尤为重要。大学英语教学作为我国高等教育的基础学科，大学英语翻译教学也越来越被重视。本节针对现阶段大学英语翻译教学现状，简要分析语境的定义及特点，并简要研究语境与翻译的关系，对英语翻译的重要性，最后为培养大学英语的翻译提出理论性的指导。

一、英语中语境的概述

（一）语境的概念

语境指的是通过一定的语言环境来揭示概念在相对关系下的定义，语境即叫作语言环境。一部分概念，在独立的情况下是没有意义存在的。在给某种关系下定义时，应将它放在特定的语言环境中，通过揭示两者间的关系而下定义。相对概念总是相互对应与相互关联的概念，想要了解其中的一个概念，就必须了解另一个概念。因此，不能用同一个相对概念去定义另一个与它相对的概念。[a]

（二）语境的特点

语境存在着五个特点，广泛性、层次性、封闭性、动态性、确定性。广泛性体现为语境是无限的，存在于任何语言交际当中，所有影响交际的因素都可以称之为语境。层次性体现为任何语境都包含着一个或者更多较小的语境，也都存在一个或者更多较大的语境中。封闭性体现为一定的语言环境、文化背景和交际的人群等都限定了语境使用范围。动态性体现为语境不适固定的模式，使在交际过程中不断被修改，交际的主要因素也在不断地改变。确定性体现为具体的交际语境、交际者的主动性都会对交际造成一定的影响。

二、应用语境在大学英语翻译中的重要作用

（一）语境与英语翻译的关系

首先，语境存在于任何人际交往过程中，语境的使用要发生在具体的环境中。许多学生在英语的实际翻译中发现，单纯的单词有时候并不能表达出原文的意思，甚至会改变原文概念，不能正确翻译出的原文含义，这是因为在英语翻译过程中，语言的意思只能在它所属的生活语境中被理解。其次，影响语境在英语翻译中的因素还包括，社会生活环境、文化背景、心理态度等方面。在英语翻译中语境不仅限制着对原文的理解，还制约着对原文意思的表达，语境通常要经过语言的环境来确定。最后，在翻译英语原文时要紧密联系文章上下文之间的关系，要对文章意思整体考虑。实际上，语境在英语翻译中起着至关重要的作用。

（二）语境理论的应用能提高综合能力

大学英语翻译教学包括对文章的理解和表达，其中涉及大学生要对原文的理解和对语言的表达能力。要培养学生的英语翻译能力与在英语翻译中语境理论的运用，不仅包括对其进行翻译理论的传授及英语翻译技巧的训练，还包括提升大学生听、说、读、写等各个方面的能力，英语教师要从多方面入手。语境理论的应用能有效提高学生的综合能力，学生通过对语境的了解，在英语阅读翻译时要从多方面考虑，不再单一地进行英语翻译。在英语翻译中运用语境理论，既要保证学生对文章内容的理解，又要

---

[a] 何刚强. 笔译理论与技巧 [M]. 北京：外语教学与研究出版社，2009.

加强以往的教学方法，教师加强汉译英的讲解，还要展开不同篇章的翻译，这样才能不断提高学生的英语翻译能力。

伴随着世界全球化的不断发展，跨国文化交际已经成为这个时代必不可少的一部分。而翻译作为国际之间交流的纽带，在跨国文化交际中有着重要地位。在目前大学生的英语学习中，还有很多需要解决的英语问题，在这样的环境下，学生不能简单依靠某个单词的意思来判断整篇文章的意思，而应该考虑该文章的具体语境、语言范围来翻译文章的含义，这在英语翻译中是十分重要的教学策略。

第八节　建构主义理论在大学英语翻译教学中的应用

随着多媒体、互联网以及终身教育理念的普及，很多教师开始从心理学方面着手进行翻译教学的改革，而以建构主义为中心的理论对于我国翻译教学的改革有着很强的指导意义，并成为人们突破传统教学法的关键手段，各大学纷纷研究建构主义理论，并在具体的翻译教学中应用了建构主义理论，发现了其中的优势和不足。

一、建构主义理论的内涵

建构主义的思想是经过多位思想家的加工而形成的，其中皮亚杰、维果斯基以及布鲁纳等人的思想是其中的核心。比如，以认知观点为核心思想的皮亚杰和布鲁纳，解释了个体在与知识结构的碰撞中产生的一种内化认知结果，维果斯基通过对文化—历史的发展理论的介绍，对建构主义的发展做出了重要的贡献，并成为建构主义学习理论发展的基础。在学习理论中，建构主义学习理论举足轻重，是三大学习理论之一。建构主义的精髓是主观能动性的发挥，强调在教学过程中还原学生的自主性，学习不是靠教师的讲授，而是学生自身的探索，学生要在学习中充分发挥自身的个性去探索属于自身的知识，并在积极的学习中学会各种探索的手段，形成主动构建知识框架的能力。建构主义的培养过程，主要是对学生分析问题、解决问题以及思考问题的思维能力的锻炼，这种新型的学习理论，主张打破教师主导的课堂形式，给学生带来全新的自主学习模式。第一，建构主义学习理论并不强调理论的形成性。对于知识的学习，课本以及教师的讲述仅仅是给学生一个正确的知识引导，而真正的学习是学生通过大脑的思考，形成自身知识建构，也就是说学习成为内在心理建构的一个过程，并不再是简单地将外界的知识通过记忆搬运到学生的大脑，而是学习者通过主观世界的认识，对知识进行重新理解，并完成知识重构的过程。这样就赋予了学习全新的模式，以往教师讲授传递知识的模式被取代，学生不再是被动地接受知识，而是发挥自身主动性去学习知识、理解知识，这样的学习过程能够创造新的知识理解方式，对于知识的创新也具有重要的作用。第二，建构主义学习理论对于知识的定义也有了全新的理解。以往的课本、文字以及图片不再是固定不变的知识，学生对于知识理解的范围被大大地扩大，知识的理解往往是根据学生自身的背景和自身的学习能力来确定的，也就是说同一个知识，不同的学生学习就会有不同的收获，并且学生自身的认识决定了学习的方向。

二、建构主义理论在英语翻译教学中的应用

（一）在提升学生学习兴趣上的应用

1. 要充分发挥以学生为中心的教育模式

教师在整个翻译教学过程中应该是辅助的角色，学生作为翻译的主体，应该先掌握词汇、语法以及语音等基础知识，在这些语言材料的辅助下，学生独立地完成翻译学习，教师在适当的时候进行引导，促进学生更快地掌握翻译的方法，这样以学生为中心的建构主义教学模式，对于学生学习兴趣的培养具有重要的价值。

2. 情景与意境的巧妙结合

语言的翻译要充分地把握语境，要结合现实中的一些事物，比如在一句常见的翻译中就能够看出联系具体情境的重要性，"Rivers Provide good sources of hydro power."很容易在翻译中翻译出"河流可以提供好的水力资源，"但是实际的意思却是"河流具有丰富的水力资源"。因此要注重对英语翻译情境的营造，结合场景，学生能够在脑海中创造出一种合适的翻译情境，这样才能充分提高学生的学习效率和学习兴趣。

（二）在文化契合上的应用

文化的差异造成了相关翻译过程中的问题，并且很多具体的语言体现也存在不同的取向，地理环境、宗教方式、思维方式以及风俗习惯都有着很大的不同。大学翻译教学应该基于对各国不同文化的把握，将文化作为翻译的基石，应尽量地考虑到各国之间的文化差异，注重对"信、达、雅"的共同追求。通过文化共同点的把握来实现的翻译，才能有效地掌握各国文化的精髓，有利于文化的传播和交流，当然对于翻译人才的培养也具有重要的作用。

(三)在发挥文学审美上的应用

翻译教学应该考虑到文学审美上的意义，文学是没有国界的，在相关的翻译教学中要强调文学的美感，这样才能够发挥翻译教学的魅力，对于翻译人才的培养也具有很好的效果。翻译是一种语言的交流，要充分考虑原作者的意图，另外还要翻译出能够令人感动的语句，比如傅雷在翻译《夏洛克外传》的卷首语中写道："夏洛克既然曾经予以我真切的感动，一定亦会予以人同样的感动。"很显然原文肯定不是这样写的，但是傅雷能够将自身的情感倾注到翻译之上，而且在具体的原文翻译中，傅雷也加入了一些中文的文学表达方式，对于原作品的诠释非常到位。这样来说在翻译教学中强调文学审美，对于翻译教学的进步具有积极的作用。

(四)在统筹全文思想上的应用

英语翻译教学中要考虑全文的意思，并不是就一句话进行翻译，而是要综合整个文章的内在意思进行翻译，就像中文中存在的个别字的理解一样，很多英文词汇在一个大的语言环境中所表达的意思也脱离了原来的意味，翻译教学中要积极地统筹全文思想，只有这样才能对作者意图有一个充分的把握。

通过以上的分析能够知道，建构主义的教学翻译理论能够有效地促进学生的自立性，是一种教育模式的创新，并且能够缔造一种更好的教育模式。学生在这种教育模式中能够有效地实现独立解决问题，有利于翻译人才的培养，并且能够增强人才的复合性。但是，建构主义并不是万能的，若能充分地把握建构主义理论的优势，不断促进英语人才的复合性培养，建构主义在将来大学英语翻译教学方面的应用，将会发挥自己更大的价值。

三、建构主义在英语翻译中的应用误区及解决方法

(一)应用误区

在大学英语教学中建构主义的应用也存在着很多的误区，建构主义教学思想中注重对学生思想的解放，但学生也容易在这种环境中进入翻译误区。翻译是一门艺术，具有创造性，但是一旦放任自流也会产生很多不利的后果。就比如对这句话的翻译"If you do not leave, I will in life and death"，英语学习非常好的学生，就容易进入一种误区，将这句话的意思误认为是"如果你不离开我，我就跟你同归于尽"，而这句话真实的意思却是"你若不离不弃，我必生死相依"。从这里可以看出，英语翻译稍有差池，

建构主义中对于学生创造力的放纵，可能会导致翻译过程笑料频出，这也是当前建构主义教学存在的大问题。

（二）解决方法

针对建构主义教学存在的问题，教师应该积极引导学生建立正确的翻译观，教学过程中要充分地发挥教师的指导作用。学生之间应该相互合作，对于一句话的翻译要经过小组的讨论，综合所有人的观点，给出一个相对来说比较完美的翻译，这样更有利于翻译水平的提高。

（三）未来前景

在长期的发展过程中，大学英语一直处于一种应试教育的阴影之下，对于大学英语人才培养往往是建立在学习成绩的考核上，教学质量受到挑战，人才培养的社会适应性受到质疑，特别是当今社会对翻译人才的需求与日俱增。而当前的建构主义教育理论赋予了大学英语翻译教学新的活力，其认为，教育应该是一种动态的持续的过程，不应该是一种固态的进修过程。教育考核和评价应该是建立在改良教学手段和提高教学质量的前提下，并且在翻译教学中形成的建构主义综合评价机制，是基于对更高目标获得的理论。美国心理学家布鲁姆曾经指出："评价要能够改良学生的学习机制，并能够提高学生学习的能力。"也就是说，综合的建构主义评价是能够有利于学生成长的，并且能够大大地削减应试教育的影响，真正实现学生的自主进修。[a]

大学的英语翻译教学当前来说是处于核心的内容，特别是在当今社会对翻译人才的需求越来越大的情况下，英语的翻译教学成为当下大学英语人才培养的重点。教师应该积极地探索建构主义理论，发挥建构主义理论在大学英语翻译教学中的作用，赋予学生充分的主动性，并积极克服建构主义理论中存在的弊端，建立以学生为中心的翻译教学课程，将建构主义理论的优点发挥到最大。

第九节　微课在大学英语翻译教学中的应用

科技的发展带动了教育方式的革新，一种好的教学方法可以使得教学效率事半功倍，因此我们从未停止过对新的教学方法的尝试与创新。微课产生于信息化背景下，是基于网络课堂的全新教学形式，经过长期实践探索，在各个学科取得了较大成绩，

---

[a] 章振邦.新编英语语法教程[M].上海：上海外语教育出版社，1998.

但是大学英语翻译课堂中微课的研究相对较少。本节基于此，结合笔者教学实践，探讨微课在大学英语翻译教学中的应用。

一、微课概述及特点分析

微课是微视频课程的简称，翻译自英文"Micro-Lecture"。目前广泛讨论的微课概念是由美国新墨西哥州圣胡安学院的高级教学设计师、学院在线服务经理 David Penrose（戴维·彭罗斯）于 2008 年提出的。Penrose 认为在相应的作业与讨论的支持下，微型的知识脉冲（Knowledge Burst）能够获得与传统的长时间授课相同的效果。目前国内对微课并没有一个统一的概念界定，但基本含义大体一致，它是以阐释某一知识点为目标，以微型教学视频为主要载体，针对某个学科的某个知识点或教学环节而设计开发的一种情景化、数字化学习资源。

微课最重要的特点便是短小精悍，一段微课视频围绕一个问题进行深入浅出的分析，同时在互联网平台上，教师可以随时上传整理资料，学生则可以随时根据自己的学习情况查缺补漏，随着时间的不断积累，微课也逐渐更加系统化、全面化，为学生学习提供更大的便利。

二、微课在大学英语翻译教学中的可行性分析

大学英语翻译教学是大学英语教学的核心组成部分，也是完善当今大学生综合能力的基础，微课作为一种全新的教学模式，在大学英语翻译教学中的应用存在极强的可行性与必要性。[a]

（一）从学生角度分析

学生是教学工作的主要参与者，教学的目的便是为学生服务，让学生掌握更多的知识，翻译是一种综合能力的体现，不仅需要学生掌握一些技巧，同时也需要有着丰富的语法、语境及单词量的把握。微课作为一种较新的教学方式，其比较典型的特点便是语境的呈现，搭配传统教学中学生对于单词量、语法结构的把握，更加有利于学生的学习。同时当今学生个性化特征明显，他们对互联网表现出极大的热情，而对传统教学方式有着不同程度的排斥心理，微课可以有效弥补这个不足，不仅可以满足学生课堂学习的需要，同时也为他们课下学习提供了更好的平台。

---

[a] 何兆熊. 新编语用学概要 [M]. 上海：上海外语教育出版社，2000.

（二）就微课本身而言

微课短小精悍，教师只需要将课堂的各个知识点进行具体化，搭配翻译语境或者实例，之后制作出来上传网络，这种呈现方式可以更好地为学生提供学习的机会，同时因其短小的特征，不会占用太多的时间，而且重点突出，对于一些翻译教学中翻译方法及细微重点的突破有极大的帮助。微课本身还有着明显的时效性，学生不用带着厚厚的资料翻看，只需要在不懂的时候进入微课平台，根据自己的情况进行关键词检索，便可很快获得一手学习资源，便利的同时还能起到良好的效果。[a]

（三）从教学过程来看

微课进一步细化了教学过程，学生可以根据微课内容进行课前预习，教师则可以根据学生的掌握情况进行进一步指导，课后如果学生有什么不懂的地方还可以主动借助微课查缺补漏，教师则可以搭配微课与实时聊天工具与学生进行实时沟通，最终翻译课堂不断融入学生生活，变成一种生活方式。微课鲜活的教学方式还可以打破传统枯燥的翻译课堂教学环境，丰富课堂教学的内容，更容易激发学生课堂学习的积极性，教师也可以借助微课有条不紊地展开课堂教学。

三、微课在大学英语翻译教学中的应用及优化

正如前文所述，为了提高大学英语翻译教学的教学质量，提升学生学习兴趣，同时将现代信息技术与教学巧妙融合，在大学英语翻译教学中融入微课教学很有必要，且效果显著，本小节以个人教学尝试及调研资料为基础，总结微课在大学英语翻译教学中的应用策略。

（一）课堂教学中灵活运用微课

微课以鲜活的视频资料，生动的讲述方式得名，微课首先可以作为课堂教学的重要工具，在英语翻译课堂的教学导入、重点难点讲解、课后拓展等方面均可有效使用。在枯燥的课堂中，微课的融入不仅可以短时间内调动学生的积极性，同时也能够突出课堂重点，让学生在潜移默化中巩固知识。

1. 复习旧知识。英语翻译课堂是由每个不同的知识点构架而成，知识点的掌握需要反复地练习，教师可以通过微课制作，在课前五分钟进行旧知识的回顾，特别是上

---

[a] 夏康明．汉译英理论与实践：跨文化视角下的汉英翻译研究[M]．成都：四川大学出版社，2014．

一节课的重点、难点的二次巩固。

2. 导入新课程。翻译课堂知识点多，课堂教学生硬，学生兴趣不高，教师可以在课前制作好新颖的课堂导入，在课堂开始之前首先让学生观看微课，带着疑问去学习、探索，同时让学生大体了解与把握接下来课堂的教学内容，事半功倍。

3. 重点、难点的巩固。英语专业教学中，涉及的专业知识较多，加上学生的语言、语境的障碍，理解起来非常困难，这个时候如果搭配一定的微课资料，将英语的语言特点\语境分析视频化，则学生会通过观看视频一目了然。

4. 拓展训练。教学的最终环节，教师应当根据学生的个人能力与掌握情况进行分层次的拓展训练，这显然是传统的单一作业布置所无法达到的效果，通过微课的资料，教师引导学生在语境下进行翻译练习，总结规律，同时练习听说的能力。

（二）学生自主学习中微课的融入

微课兴起于网络时代，特别是手机互联网的普及，人们基本上可以做到随时随地上网，特别是在美国萨尔曼·可汗的可汗学院模式的影响下，微课开始在高校教学中普遍采用，且一度受到大学生的追捧。特别是在近几年，科技的发展将微课的制作难度不断降低，大部分教师都可以自主制作一些微课课程，学生则可以随时随地进行学习，在大学英语翻译教学中更是如此。

1. 把握学生的自主学习规律

当今的大学生更加喜欢灵活、自主的学习方式，而传统的教学模式时间长，且必须课堂上完成，即使课下，也必须抱着一本字典自己琢磨。在学生自主翻译学习微课的设计中，教师应当注重短小精湛、重难点突出，一个微课不需要通观全局，仅仅是为了一个小小的知识点，让学生在自主学习中积少成多，同时也不会有太大课外压力。

2. 注重学生灵活的学习方式

教师完成微课的制作后，应当以多种方式上传到相关平台，且可以多平台上传，同时为学生提供整套的微课资料下载等服务，从而让学生可以更好地根据自己的需要进行学习方式的改善，特别是翻译教学中，比如一个电影片段的语境分析、一篇美文的解读与分析等。

3. 注重不同层次学生的需求

课堂教学采用的是大锅饭的形式，教师很难面面俱到地照顾所有学生的学习需求，而微课可以有效弥补这个不足，一个短视频就是一个知识点，教师在网上进行分门别类的放置，学生在课下根据自己对课堂教学的掌握情况有选择性地温习，这是对课堂教学的有效补充。

4. 注重微课长时间的系统化积累

网络资源有永久性特征，一旦一个微课资料，特别是优质的微课资料上传，则马上会被疯狂转载，从而达到预想不到的效果。作为翻译课堂教学的老师除了需要制作一些精良的微课教程，同时也应当注重日积月累的系统化，从而方便以后学生的系统复习与总结，随着时间的积累，这也将成为宝贵的教育资料与财富。

英语翻译教学离不开时代的支撑，传统的教育方式已经无法满足人们对于知识探索的需求，教师在教学中应当不断尝试新的办法，借助互联网途径将翻译课堂教学更加生动化、形象化、系统化，最终成为英语翻译教学改革的无限动力。文章提到的是微课教学在英语翻译课堂中的应用，这恰恰是未来教育发展的必然，但是其不断地发展壮大需要更多的教育工作者的融入。笔者相信微课教学在不久的将来一定会在英语翻译教学中大放异彩。

第十节　翻转课堂在大学英语翻译教学中的应用

翻转课堂采用先学后教的教学模式，转换了教师与学生的位置，充分体现学生的主体地位，符合大学英语翻译教学的发展需求，具有很强的现实意义。本节分析了在大学英语翻译教学中实施翻转课堂带来的变化与可行性，同时提出了翻转课堂需要面对的问题与对策。

一、翻转课堂的含义

翻转课堂是一种主要以学生充当主体地位的教学模式，具体是指在英语翻译课堂教学之前，学生先自行学习课件或教学视频，在课堂上学生分享自己的收获与问题，教师组织学生个人展示或小组讨论等。到了课堂上，为了强化学生知识的掌握和消化，教师可以针对普遍存在的问题进行答疑解惑，提升教学效果。

二、翻转课堂带来的变化

（一）教师与学生地位的变化

翻转课堂带来了学生与老师关系的颠覆性变化。在传统课堂中，老师占据课堂主体的地位，学生在老师的讲解下亦步亦趋。而在翻转课堂中，教师不再是承担教学主体的授课者，而是指导学生学习的引导者，甚至可以作为学习成员，在这样的教学模式下，学生真正成为主体，老师不再是一直讲解，更多的是学生自己进行学习探究，让课堂回归学生。

（二）教学形式与内容的变化

在传统课堂中，教师在课堂上讲解具体知识，然后布置课后作业使学生进一步理解巩固课堂内容；实施翻转课堂后，学习的过程提到了课前，而课堂则成为探究的时间，属于教师答疑解惑的过程，教学的形式发生了很大的变化，学生自主学习的能力得到了很好的锻炼和培养。实施翻转课堂后，课堂上问题探究和答疑解惑的过程取代了教师对知识进行讲授的过程，老师在课堂上不再具体地讲授课程，而只是对学生的表现进行点评，对学生难以理解的地方答疑解惑，实现了教学内容的变化。

（三）课程考核方式的变化

传统课程的考核方式通常是进行考试，方式单一，考核结果也比较片面，无法全面考核学生的整体学习效果。这种将一切考核都放在最后进行的模式，往往导致学生在临近考试的时候才开始投入学习中，不利于学生在学习过程中的投入，也不利于教师对于学生学习过程中学习成果的检验和反馈。而翻转课堂可以呈现出多方式和多角度的考核方式，将考核分散在学生的整个学习过程中，从而可以多方面考查学生的学习成果，包括学生的基本翻译能力、组织能力和批判思维能力，考核结果更加全面。

三、实施翻转课堂的可行性

（一）实施翻转课堂有很强的现实意义

翻转课堂采用先学后教的教学模式，利用信息技术设备，学生在上课前进行知识的自主学习，而把课程知识的应用与探究放在课堂上。学生在课前进行学习时，对于课件或教学视频中的难点可以反复观看进行理解，有疑问的地方也可以记录下来在课堂上向老师提出，或者直接在网上向教师提问，从而让教师有针对性地备课。课堂上教师除了对难点进行答疑解惑之外，也会组织学生进行知识分享和小组讨论等互动活动，增加了师生间的沟通，也提升了学生在课堂中的参与度，促进了英语教学效果的提升。[a]

---

a 钱歌川．翻译的技巧 [M]．北京：北京联合出版公司，2015.

（二）翻转课堂符合英语翻译教学的特点

由于英语翻译课程具有很强的实践性，学生只有在大量的实践中才能逐渐积累翻译的技巧和经验，提高翻译能力，而如果仅靠课堂短暂的教学时间很难促进学生翻译能力的提升。目前的翻译教学主要教授具体的翻译技巧和应对具体问题的具体翻译方案，在教学方式上仍然保持着传统课堂中的直线型教学模式，完全是以教师为中心的，这种教学模式往往导致翻译专业毕业生的综合知识比较局限，而且翻译的实践也通常会受到教学上的翻译知识积累的限制，缺乏面向市场服务的意识。实施翻转课堂后，教师可以利用课堂时间组织学生进行英语的表达和互动活动，学生可以获得大量的翻译实践机会，从而逐渐积累翻译的技巧和经验，提高翻译能力。因此，实施翻转课堂的教学模式符合英语翻译教学的特点。

（三）教学环境可以达到实施翻转课堂的条件

随着信息技术的发展和普及，目前绝大多数高校的教室都有无线网络，学校内普遍配有计算机实验室；智能手机和笔记本电脑等上网设备也已经在学生中得到普及，目前的教学环境已基本达到实施翻转课堂的要求。同时随着信息技术迅速发展，网络英语教学资源也会更加丰富，学生课前除了可以学习教师录制的微课程，还可以访问英文学习网站、阅读英文小说或者观看英文电影作为补充材料，极大丰富了教学内容。除此之外，随着时代的发展，也要求英语翻译教学必须做出改变，去努力接受各种新知识的介入，而翻转课堂的教学模式给英语翻译教学增加了新的教学媒介和信息来源。

四、实施翻转课堂面临的问题与对策

（一）当前教师教学技能的提升

实施翻转课堂对教师的教学技能有着更高的要求。首先教师需要改变传统的教学观念，适应翻转课堂带来的角色变化。其次需要教师能够熟练运用信息技术手段，制作各种微课并上传，并且能通过网络与学生进行沟通。教师需要结合自身的英语翻译教学实践，将授课内容进行模块式的切分，从而形成翻译基础理论、翻译数据库、翻译技巧等一系列的知识点，然后通过录屏软件以及其他多媒体制作软件，将原有课程的知识性内容录制成比较简短的微课，交给学生课前进行自主学习，结合微课教师可以布置课堂内着重讨论和分析的案例。对教师而言，作为翻译理论与实践课的教授者，需要缜密思考到底哪些内容可以用于微课的制作，同时这些教学内容如何利用微课进行呈现，采取什么样的形式，都是需要教师认真思考同时又有较高技术难度的，因为如果在教学现场都吸引不了学生的注意力,那么微课是否一定能够吸引学生的兴趣呢?从这个意义上,可以说制作微课是一种技术,然而设计微课却是一种艺术。翻转课堂模式在大学英语翻译教学中的应用需要教师努力提升教学技能,同时提高微课的制作和处理能力。

(二)学生学习能力的培养

随着英语学习的不断重视和普及,学生从高中步入大学都经历了很长的英语学习时间,也有了一定的英语水平,但是由于英语翻译在中学阶段涉及得比较少,学生的翻译水平差距很大,甚至有些基础较差的学生对于基本句子的翻译都存在问题,而另外一些基础比较好的学生对于能够很好地完成段落篇章的翻译,这就体现了学生的英语翻译水平的巨大差异。英语专业学生在进行英语翻译的学习时,由于英语基础的不同也会呈现出不同的学习态度,有的同学有很大的兴趣,能够融会贯通,很好地理解和把握翻译知识,学习结果也比较理想。但是也有很多同学只对自己的专业课感兴趣,对英语翻译课程兴趣不足,经常出现逃课的现象,更谈不上自主学习。

由于翻转课堂需要学生的自主学习参与,一旦学生学习不够自觉,未能完成课前对于微课的学习,就无法进行后续的教学。因此,翻转课堂模式在大学英语翻译教学中的应用同时需要建立与之配套的学生考核模式,综合考核学生的课前自主学习、课上探究活动及课后复习的全过程,呈现出多方式和多角度的考核方式,将考核分散在学生的整个学习过程中,从而可以多方面考查学生的学习成果。这种考核模式的建立需要学校教学部门促成,并需要教师在教学中进行反馈,不断完善。

(三)课件与教学视频的制作

在翻转课堂教学模式中,课前学习的内容来自教师制作的课件或教学视频,需要做到难易适度,突出教学内容,而且形式需要新颖活泼,还要附带相应的学习任务,引导学生学习,这就对微课的教学内容的选择和形式的确定提出了很高的要求。首先,微课一定要对"微"的特点有所体现,整个微课学习时间要控制在15分钟以内,确保不会超过学生的注意力集中范围。为了达到微课之"微"的目标,教师在录制微课前需要准备好必备的材料外,同时也要考虑微课中语言的表达,力求表达简练、清楚,在制作之前可以把要说的每句话提前写出来进行整理浓缩。其次,微课虽然是基于英语翻译的教学内容进行安排,但是并不等于传统课堂教学内容的压缩包,而是将知识点独立出来供学生学习,如可以单独讲解什么是英语翻译的归化异化、英语翻译的信达雅的标准及翻译中的增词法和减词法等,都是可以独立的知识点。再次,微课设计需要有明确的教学目标，让学生清楚地认识到自己通过微课应该学到什么，从而提高微课的学习效率。最后，教师进行微课的设计需要匠心独运，认真考虑如何通过微课来激发学生的学习兴趣，若微课只是对传统知识进行灌输的新包装，必然会影响学生的学习积极性，教师可以充分借助图片、音乐、动画等多媒体手段直观地再现知识，也可以通过一段趣味视频引入到学习的情境中来。对于微课的录制，也要解决好技术问题，保证微课的画面和声音清晰。

翻转课堂模式在大学英语翻译教学中的应用，颠覆了传统的教师和学生在课堂中的地位，增加了学生之间以及教师同学生的互动，促进了师生间的交流，具有很强的现实意义。在这种教学模式下，课前知识的讲授能够有效解决课堂教学时限的问题，从而拓展了教学时间，同时让学生能够有充足的思考时间；课堂上的探究合作式的学习模式能够有效地提高沟通、表达能力，也有利于思辨思维的培养；课后知识的巩固与拓展也可以帮助学生及时消化课堂教学内容，为下一阶段的学习做好准备。翻转课堂模式在大学英语翻译教学中的应用是一种有意义的尝试和探索。这种教学模式改变了英语翻译课传统的授课方式，对教师和学生的角色进行了翻转，促进了师生间的交流，从而使学生学习的积极性、主动性、创造性和独立性得到更好的发挥，培养了学生自主学习的能力。除此之外，这种翻转课堂的模式也提高了英语翻译教学的质量和效果，有效提升了学生的实际翻译能力，使学生能够满足社会工作的需求。

第十一节　讲理式教学法在英语翻译实践中的应用

一、讲理式教学法的概念

在教育界一直以来就有教无定法、学无定法、贵在得法的教育理念。在知识更新速度惊人的情况下，运用怎样的教学法让学生掌握大量的知识，是一个重要的研究领域。

教学的过程也是向学生讲理的过程。顾名思义，"讲"就是说、谈，把事情和道理说出来。"理"：物质本身的纹路、层次，客观事物，事物的规律，是非得失的标准根据等。讲理：将事物本质的内在规律和做人做事的标准原则说出来，让人折服，以理服人。

因此，讲理式教学法即在教学过程中，通过揭示知识的内在规律和总结解决问题的办法来使学生掌握学习方法，内化为自己的能力。如"知其然还要知其所以然""授人以鱼不如授人以渔"。

二、讲理式教学法的国外历史渊源

杜威倡导的"做中学""设计教学法"，强调学生在"做"的过程中体会出蕴含在外部知识中的道理。这也是对讲理式教学法中"理"的重视，讲理的方式也可以通过学生实践、探索，发现老师想要讲的"理"，故讲理式教学法应运而生。

三、讲理式教学法在英语翻译实践中的应用及步骤

首先，"教师闻道在先，知其所以然，明其理"是应用讲理式教学法的前提。教师要想给学生一碗水，就必须有一桶水，甚至是一条流动的河或者是浩瀚的海洋。目前，教学中存在"照本宣科""填鸭式""灌输式"等问题的原因，就是教师不懂"理"，不知"理"，或者是没有教学方法，即便是掌握了一定的教学方法，却不能恰如其分地运用。其实归根到底，没有让学生明白你讲的"理"，没有让学生内化为自己的知识，而是让其陷入死记硬背、生搬硬套、题海战术的恶性循环中，不能灵活地运用所学知识。

其次，"教师知识渊博，想象力丰富，能活化知识，培植学生探索求知欲望"是应用讲理式教学法的必要条件。教师把知识的"理"揭开，理清知识点的来龙去脉，找到学生新知识的生长点，让学生对所学知识产生共鸣的过程。

再次，讲理式教学法中的"理"是广义的，不但指事物内在的发展规律和形成的原因，还包括解决问题的方式方法。教师不但帮助学生掌握并内化事物的规律和本质特征，还要教给学生解决问题的方法，就是"授人以渔"。如英语翻译实践课中，将班级小组化、课程任务化，任课教师在担任本门课程之前，吃透所有重点，把握好在什么时间、什么课堂气氛的情况下，抛出要解决的教学重点、难点，学生在自然而然中掌握所学的"理"，即在教学过程中运用好"好雨知时节，当春乃发生，随风潜入夜，润物细无声"的原则。[a]

在授课前，量化出所涉及的知识重点、难点，找出学生知识的生长点，并体现在导学案中，让学生去预热知识点，在课堂教学中，学生就能与教师在一个频道上，产生心灵的共鸣，使学生的学习成为一种愉悦。

最后，"讲理式教学法"是为了让学生能同意你讲的"理"，教师必须有以事实真相为依据的判断和观点，同时能够结合讲故事、举例子、吟诗作对、旁征博引、反

---

[a] 谭载喜，胡庚申. 翻译与跨文化交流：积淀与视角 [M]. 上海：上海外语教育出版，2012.

问排比、比较对比、实验尝试等各种方式，进行深入浅出、化难为易、化抽象为具体的输出。教师进行教学的过程就像自己在表演自己导演的剧本，因此必须有充沛的情感和明确的立场，才有讲理的冲动。这要求老师在教学过程中，发音准确、措辞精当、条理清晰、情真意切、生动有趣、富有激情等。讲理式教学法也是表达学科情感的一种方式，没有这个情感，就讲不好"理"，也就无法更好地驾驭"讲理式教学法"。

总之，"讲理式教学法"的运用是教学的一个境界，不是简单地说教，是需要灵活掌握多种教学原则，游刃有余地驾驭每一堂课，达到开智明理的目的。

第五章　大学英语翻译教学的创新模式

第一节　数字化时代英语翻译教学新模式

语言作为人类交流最重要的工具，其在社会经济发展过程中发挥着极为重要的作用。由于数字化时代下的传统英语翻译教学已经无法满足社会经济发展的需要，因此必须加强英语翻译教学模式改革与创新的力度，建立符合数字化要求的英语翻译教学模式，才能促进英语翻译教学效率与质量的稳步提升。本节主要就数字化英语翻译教学的新模式进行分析与探讨。

一、构建数字化翻译教学的平台

由于传统英语翻译教学已经无法满足数字化时代对英语翻译教学所提出的要求，所以必须加强现有翻译教学手段改革与创新的力度，冲破传统教学手段对英语翻译教学的限制，才能促进英语翻译教学效率的全面提升，充分发挥数字化时代的优势，构建数字化的英语翻译教学平台，为英语翻译教学的顺利进行奠定良好的基础。由于数字化翻译辅助教学平台的构建涉及各方面的内容，必须在计算机、互联网环境下进行，因此学校必须根据教学的要求在采购翻译软件的同时，加强与社会企业合作的力度，定期组织学生进入翻译公司进行实习或者观摩，以便学生迅速地掌握翻译软件使用的方法。另外，教师必须在教学过程中引导学生掌握使用网络翻译工具，才能达到促进学生翻译能力稳步提升的目的。由于大多数领域的翻译名称都已经发展为固定的模式，因此快速、准确地完成文章的翻译是数字化时代对翻译人员所提出的最基本的要求。[a]

---

[a] 佟磊. 英语翻译理论与技巧研究 [M]. 长春：东北师范大学出版社，2017.

二、构建翻译教学互动平台

与传统英语翻译教学模式相比较而言，数字化时代下的翻译教学模式最大的特点就是，其增强了教师与学生之间的交流与互动。这种全新教学平台不仅有助于课堂教学过程中教师与学生之间的交流与互动，同时也为教师与学生在课后的交流互动搭建了良好的平台。也就是说，数字化时代下的英语翻译教学不仅冲破时间和空间对英语翻译教学的限制。同时教师在教学过程中充分利用互联网搭建的QQ群、微信群等网络社交平台，建立的实时网络互动交流平台，也为英语翻译教学的顺利进行奠定了良好的基础。此外，数字化时代下的英语翻译教学开展过程中，教师还可以利用与国内外网络平台连接的方式，通过平台发布自己无法翻译的问题，以便寻求专业人士和专家的帮助。这种数字化时代下的互动翻译教学平台的建立，不仅实现了信息资源的共享，同时也促进了学生学习积极性与主观能动性的不断提升，增强了师生之间的协作力度，为翻译教学的顺利进行奠定了良好的基础。

三、翻译作业的布置

传统英语翻译教学模式下的英语翻译教学，整个翻译教学的作业布置必须严格地按照以下流程进行：教师根据教学要求向学生布置翻译作业，学生完成作业上交后由教师批改并进行讲评。而数字化时代下，教师在布置翻译作业时，主要是依靠网络辅助教学平台建立以班级为主的班级翻译群，这一教学方式与传统教学方式相比较而言，最大的差别在于可以充分地激发出学生的学习积极性和主动性，有助于学生团队协作精神的不断提升。同时这种多元化开放式的英语翻译教学模式，教师在布置与教材相关的翻译作业之外，还可以加强与翻译公司的合作力度，承接翻译公司的翻译业务，引导学生根据自己的学习兴趣选择自己最擅长的领域完成教师所布置的翻译作业。在学生完成教师布置的翻译作业后，由教师按照翻译公司的要求统一进行检查和质量把关，针对学生在作业完成过程中存在的问题及时地指出并纠正，才能达到促进学生翻译能力与水平的全面提升，为学生后期走上工作岗位奠定良好的基础。

四、翻译测试的多样化与市场化

传统英语翻译教学模式下的测试方法主要是教师出具翻译试卷，学生完成试卷，然后教师打分的单一测试方式。这种单一的测试方式主要的目的是检测学生的背诵与双语转换能力。但是就实际情况而言，大多数情况下，翻译人员在翻译材料时往往只能依靠自身的记忆能力进行资料的翻译。而在数字化时代，翻译教学不仅测试方法和内容灵活多样，随着计算机辅助翻译教学平台的建立，不仅可以根据学生的实际情况决定测试的时间，同时学生在测试的过程中只需要充分利用自己日常学习过程中建立的小型资料库和相关专业术语，借助复杂翻译软件及网络工具，就可以顺利地完成测试。另外，如果学生在测试过程中遇到问题也可以通过网络向专业人士寻求帮助，而教师则根据相关的评价标准对学生的测试成绩做出客观公正的评价。

总之，为了促进数字化时代英语翻译教学效率与质量的全面提升，必须加强翻译教学教材内容、教学方法、测试方法等各方面改革与创新的力度，以此确保数字化时代翻译教学工作的顺利进行。传统翻译教学方式随着数字化时代的来临已经无法满足翻译教学的要求，因此教师必须深入分析数字化时代下翻译教学实践活动的特点，严格按照数字化时代翻译教学的要求开展英语翻译教学活动，才能促进翻译教学效率与质量的全面提升。

第二节 "交互式"英语翻译教学模式建构

随着社会经济的发展及素质教育政策的实施与开展，为了使学生的综合素质水平及主观能动性均得到有效提高，我们需要探讨一些新的教学方法以及教学手段来应用于教学活动中，从而使学生的综合素质水平及主观能动性得到有效培养，进而使学生将来能够更好地投身于社会主义经济建设活动中，继而为社会做出卓越贡献。而交互式英语翻译教学模式对学生综合素质的提高有着极其深远的影响。在这种教学模式下，学生的英语综合成绩得到显著提高，大大提高了英语翻译教学质量与教学水平，因此，以下将交互式英语翻译教学模式的建构进行分析与介绍，从而全面提高我国学生的英语综合水平。

一、概述交互式教学模式的理据

（一）根据反思传统教学模式而创新的教学模式

翻译的过程是将第一语言翻译为第二语言或者将第二语言翻译为第一语言的过程，在这个过程中学生的思维会发生转换，因此，翻译教学不仅有效培养了学生的语言应用能力，而且还有效培养了学生的思维发散能力。一般情况下，学生如果要很好地掌握与应用英语翻译能力，则前提需要具备一定的第一语言能力、第二语言能力，同时，还需要具备一定的超语言能力。其中，超语言能力就是第一语言与第二语言之间的转换能力，而英语翻译教学活动就是培养学生语言转换能力的最佳途径之一，使学生能够拥有这种语言转换的能力。在翻译教学活动中，英语教学教师需要传授给学生各种翻译策略与技巧，从而使得学生更好地发挥语言转换能力的作用。在传统的英语翻译教学活动中，教师只注重翻译教学的成效，而在教学活动的过程中忽视了对学生思维能力的培养，一般情况下，传统的教学模式的具体操作流程如下：首先由教师讲解一些英语翻译理论知识，然后布置一些与翻译有关的练习，使得学生在不断地练习中巩固与掌握翻译技巧。这种教学模式背景下，不仅不利于学生综合素质能力以及主观能动性的培养，而且还严重阻碍教学质量与教学水平的提高。因此，通过反思与分析传统教学模式中的不足及缺陷而探讨新的教学模式，将传统教学模式中的不足及缺陷进行调整与改革，从而研制出新的教学模式，不仅需要培养学生的主观能动性以及综合素质能力，而且还使得学生能够在新的教学模式下自主参与到教学活动中，从而有效提高自身的英语综合水平。

（二）根据建构主义学习理论启示而得出的新教学模式

交互式英语翻译教学模式是根据建构主义学习理论而推出的新教学模式，这种理论强调指出"个体需要根据自身经验来对客观事物进行主观理解与意义建构"，因此，在英语翻译教学活动中，需要以注重学习过程为教学核心，杜绝现成知识的简单传授，由此可以看出，建构主义学习理论对英语翻译教学活动的启示有以下几点内容：首先，学生在英语翻译教学活动中占据着主体地位，而教师是传授知识的主体，所以，教师需要通过总结成功教学方法来将英语翻译知识以及技巧传授给学生，使得学生能够针对翻译知识以及技巧进行建构，最终成为自身的一种能力；其次，由于学生的学习过程是一种分析、解决问题的过程，所以，在英语翻译教学活动中，英语教学教师需要以培养学生自主分析与解决问题能力为教学重点，使得学生将来参与到社会活动中能够对身边的事物进行仔细观察与分析，从而找出其中所存在的问题或者规律，并且针对这些问题而探索有效解决措施，这种能力的培养无论对学生的未来发展，还是对学生综合素质能力的提高均具有十分重要的意义；最后，在英语翻译教学活动中，学习是一项互动的活动，无论是教师与学生之间的互动，还是学生与学生之间的互动，他们之间产生互相协助的现象，而这种互动行为不仅有效加速了英语翻译知识与技能的构建进程，而且还消除了学生学习紧张心理，使得学生在互动学习环境下掌握翻译知识点与技能。

（三）根据交互式语言教学法的启发而得出的新教学模式

交互式语言教学方法，据相关实践报告证明，均取得了良好的效果。因此，这种教学方法得到各国家以及地区学校的广泛应用，有效提高了学生的学习成绩。这种教学方法主要以语言习得和教学理论为基础，强调教学教师需要结合学生的个性需求以及自身特点而采取有效教学方法进行教学，以激发学生的学习兴趣，并且使得学生与教学教师之间形成互动，从而建构生动的教学氛围。而英语翻译教学活动具有一定的互动特点，因此，该教学活动也可以应用交互式语言教学方法来进行开展，使得学生能够积极参与到英语翻译教学活动中，能够自觉吸收与掌握翻译知识与技能，进而有效提高学生的英语综合水平。[a]

二、探讨英语翻译教学活动中的"交互式"教学模式

通过上述内容可以了解到，在英语翻译教学活动中实施交互式教学模式，不仅是该课程的特点而决定的，而且是学生的个性化需求决定的，这种教学模式主要遵循的是建构主义学习理论，使得学生与教学教师之间的感情得到了增进，并且使得学生在轻松、生动的教学环境中自主学习英语翻译知识与技巧，从而使学生潜移默化中逐渐掌握了该能力，进而大大提高了学生的英语综合能力，继而使得学生将来投身于社会主义经济建设活动中可以更好地创造价值。

综上所述，以上将英语翻译教学活动中应用到交互式教学模式的相关依据进行了分析与介绍，并且将英语翻译教学活动中的"交互式"教学模式进行了综合阐述，从而有效培养了学生的英语翻译能力，使得学生的英语综合水平得到了有效提高。另外，希望通过本节的叙述能够为相关研究学者及教育同胞提供一定的参考借鉴，继而全面提高我国学生的英语翻译能力，使得学生具备这种翻译能力而更好地参与到社会主义经济建设活动中。

---

[a] 胡伟华，等．新编英语翻译理论与实践教程 [M]．北京：外语教学与研究出版社，2018．

第三节 "互联网+"环境的大学英语翻译教学模式

一、"互联网+"技术影响下的大学英语翻译模式创新策略

（一）优化大学英语翻译课程体系

想要革新首先就要从源头开始整改，否则无论做了多少优化措施都会留下病根。同理，若是想要创新大学英语翻译教学模式，首先就要优化大学英语翻译课程体系，教师可以向学校报备通过开展英语翻译的选修课或者不定时地举办英语翻译讲座和英语翻译竞赛帮助学生培养对英语翻译的学习兴趣，提高学生的英语翻译实践水平，让学生可以通过这一系列的实践活动提升对英语翻译的学习兴趣，同时高校也要不断地更新大学英语翻译课程体系，使其能够尽快地应用到实际教学当中，学生在学习英语翻译的时候，教师要多次强调不仅要求掌握翻译的基础知识，还要进行更加专业的英语翻译学习，使大学英语翻译教学紧跟时代脚步满足时代要求，不断更新教学理念才能更好地满足信息化时代社会对人才培养的要求，提升学生的英语综合素质。

（二）引导学生学会自主学习

教师要帮助学生培养获取英语翻译相关知识的信息搜集和筛选能力，提高学生英语翻译的综合能力，教导学生如何学会自主学习比直接传授学生知识更加具有积极的意义，教师对学生的帮助是有限的，只有学生才能在自己的一生当中不断发挥自主学习的作用，教师受以往的传统教学方式的影响把自己作为课堂的主体，但是随着新素质教育和新课改的不断深化，越来越强调学生自主学习能力的重要性。互联网将学生获取知识的渠道拓宽了，各种翻译工具和网络课程都能够帮助学生进行课外的自主学习，学生对英语翻译基础知识的获取不能仅局限于课堂。

（三）创新英语教学创新机制

教师可以通过多媒体播放英文原声电影，让学生在英文电影氛围的熏陶里全面地了解到英语翻译，教师可以陪同学生进行观影，在电影中出现的经典台词的部分暂停讲解英文对比翻译，分析电影中比较精妙的翻译原则和技巧并告知学生，提高学生的

书面翻译能力和口头翻译能力，或者可以播放一些英语原声的演讲片段，让学生当堂翻译这些演讲片段并领悟到英语演讲中的一些好句，提高他们的英语翻译综合能力和批判性思维能力。

（四）搭建英语翻译实践平台

针对高校搭建大学英语翻译实践平台会受到阻碍这一现象，现代信息技术发展到现在好像已经解决了这一难题，学校不用再顶着强大的阻力帮助学生取得英语翻译实践的机会，可以通过开发微课资源打破学生进行英语翻译学习的时间和空间的限制，为学生提供更多的应用的实践机会，帮助学生提高英语口语翻译和书面翻译水平。[a]

（五）借助报刊提高翻译能力

为了帮助学生拓宽文化视野，增加他们的词汇量，教师可以有选择地引导学生阅读一些比较著名的英美报刊，比如《时代》周刊、《华盛顿邮报》等，这些报刊中用词比较规范，词汇的复现率比较高，可以锻炼学生对新词的内化能力，帮助学生多次接触并记忆这些比较固定的单词和句型，从而形成英语翻译的条件反射，对提高学生的翻译水平有极大的推动作用，这些英美报刊主题比较广泛，内容可能涉及多个领域，学生可以根据自己的专业不同掌握自己专业领域内的翻译理论和技巧，同时学生也可以利用网络报刊进行学习，通过网络资源对网络当中英美报刊进行英汉翻译，为他们以后即将进行的英语翻译提供丰富的语料库。

（六）培养文化差异意识

教师可以帮助学生筛选出具有鲜明英语语言特色的影视短篇或文章，引导学生用直观的感受去体验文化的差异，学生必须熟知两种思维方式的差异，在进行翻译的过程中要妥善地措辞和造句，避免出现具有汉语思维的英语翻译，有条件的话教师还可以带领学生去以英语为母语的地方真实地体验当地的思维和文化，培养学生跨文化的意识，为学生能够顺利进行中英翻译打下坚实的基础。

二、打造新的英语翻译教学模式

目前有一种全新的英语翻译教学模式引发了大部分教育工作者的思考，这种模式就叫作翻译工作坊。教师通过布置任务，采用小组合作进行学习，引导每一个小组的

---

[a] 张维友. 英汉语词汇对比研究 [M]. 上海：上海外语教育出版社，2010.

学生在课堂中完成各种各样的学习任务，通过这种方式学生可以提高合作意识和英语学习的综合素质。

（一）创设情境

教师可以帮助学生模拟将来的工作环境，把教室用课桌分隔成几个工作区域，每组占据一个区域并配备工作电脑，在电脑中安装好辅助的翻译软件和多媒体，在仿真的工作环境中教师可以扮演学生的上级，定期验收学生的翻译作业，与学生进行讨论交流，让学生汇报演示翻译的成果。

（二）导入任务

教师要首先给学生分配任务，让学生通过独自或者合作去解决现实的翻译问题，教师在分配任务的时候要像学生日后工作的上级一样做出必要的指示和指导，帮助学生明确背景和翻译风格，事先指出翻译中可能遇到的问题，确保学生能够成功地完成这项翻译任务。为了节省课堂时间，翻译任务的布置可以在课前通过电子邮件或者微信群提前分配下去，至于这些翻译任务也最好是采用应用型的文本，比如竞标标书和商务合同等，最好选用翻译公司的真实材料，这样既能帮助学生熟悉应用型的翻译文本，同时又能满足市场对翻译人才的要求。

（三）完成任务

为了了解文本写作的固定格式，比如药品说明，学生也可以参考其他的学术网站，用词必须尽量准确，做到各类人群都能读懂，学生在完成任务的过程中可以通过小组合作讨论，也可以充分发挥自主学习能力对译文进行修改和完善，最终由小组内部投票选择交出最为合格的译文，但是在翻译的遣词造句方面要突出应用性和专业性，比如在进行药品说明书的翻译过程中，可以首先利用电子词典或者翻译软件进行专业术语的翻译，这样可以准确地表达说明书中想要表达的内容，若是学生在翻译的过程中遇到了困难可以在微信群中向老师寻求帮助或是参考网上的类似表达。为了追求翻译工作的真实化，可以把翻译公司的操作流程照搬到课堂中来，学生可以分别进行角色扮演，扮演客户、项目经理、翻译员等角色，处理翻译公司可能遇到的各项业务，比如修订合同、分派任务、译文起草、编辑排版、定稿交付等，这些角色扮演也可以让学生学习到如何真实地处理公司事务。

（四）反馈与评估

教师对学生的译文进行验收之后，可以展示几组译文让全班同学一起评析，让学生自行讨论这些译文的优缺点并评选出最佳译文，学生的期末成绩也可以取决于这些任务，教师可以针对学生在工作坊内的表现进行综合评价，甚至还可以通过扮演客户对委托项目进行评价并把这项评价也作为学生期末测试的一个参考，在提高学生翻译实践能力的同时还能培养学生的职业素养。

大学英语翻译教育想要培养出真正的翻译人才就必须结合互联网相关技术，全力促成教学模式的改革才能够帮助学生培养英语翻译的综合能力。

第四节　合作学习理论下的大学英语翻译教学模式

本节从合作学习的定义和理论基础出发，探讨了合作学习在大学英语翻译教学中应用的必要性，阐述了合作学习在大学英语翻译教学中具体应用的三个阶段：合作翻译前的准备阶段；合作翻译中的管理阶段；合作翻译后的评价阶段。[a]

一、研究背景

教育部颁发的《大学英语课程教学要求》已经明确将翻译与听力、口语、阅读和写作并列为非英语专业大学生应该掌握的五大英语技能，并对不同水平和层次学生所应该达到的翻译能力提出了具体要求。但是，大多数大学英语教师并不重视学生翻译能力的培养，翻译教学的素材多为英语精读课上的课文翻译或是课后练习中的句子翻译练习，采用的教学方法仍然是传统的语法翻译教学法（张立柱，2014），主要目的是考查学生对课文大意的理解，复习巩固文中所学的词汇、短语和句子结构，几乎没有翻译技巧方面的相关教学，学生的翻译能力无法得到有效提高。

随着"一带一路"倡议的实施和推动中华文化走出去目标的设立，当今社会对翻译人才的要求更高了，以教师为中心的语法翻译教学法已经无法满足市场对复合型翻译人才的需求。鉴于合作学习在治疗传统教学中"以教师为中心"这一"顽疾"方面的显著作用，本节以培养和提高非英语专业学生的翻译能力为落脚点，探讨了合作学习理论在大学英语翻译教学中应用的必要性和具体教学模式。

---

[a] 高晓芳. 英语语用学 [M]. 武汉：华中师范大学出版社，2008.

二、合作学习理论概述

（一）合作学习的定义

合作学习兴起于20世纪70年代初的美国，并在之后的15年中逐渐获得了实质发展，成为一种完善的教学理论与策略体系。合作学习以教育学、现代社会心理学和认知心理学等为理论基础，以小组活动为基本的教学方式，以完成共同的学习任务为教学目标。在具体教学中，各小组成员之间责任分工清晰明确，通过合作性学习完成共同的任务。由于最终以小组为单位进行成绩评价，合作学习将学生的个人利益和小组的集体利益紧密结合在一起，有助于培养学生的合作精神和积极认真的学习态度，同时也有助于培养学生探索、发现问题和分析、解决问题的能力，为以后培养高素质的应用型人才打下了良好的基础。

（二）合作学习的相关理论基础

1. 建构主义学习理论

建构主义理论强调以学生为中心，认为学习是学习者主动建构内在知识体系的过程。在这一过程中，学习者并不是机械地记忆外界知识，而是以已经具备的经验和知识为基础，通过主动对外界知识进行选择加工来获取和建构新的知识。建构主义学习理论的教学主张可归纳为以下四点：①教学要以学生为中心，着重强调学生的主体作用；②基于实际情境的知识具有生动性、丰富性等特点，教学中应该尽可能构建真实的学习情境；③重视共同协作学习，强调学生之间相互讨论和相互学习的积极作用；④教学中要重视教学环境的设计，尽量为学生提供丰富的资源。

2. 最近发展区理论

最近发展区理论是由维果茨基提出的，他将儿童的心理发展划分为实际发展水平和潜在发展水平。实际发展水平是儿童现阶段真实的心理发展水平，而潜在发展水平则是儿童在别人帮助或与同伴合作下所能达到的心理发展水平。实际发展水平与潜在发展水平之间的差距就是最近发展区，具体到外语教学中，最近发展区指的是学生现阶段英语水平与通过教师或同学帮助后所能达到英语水平之间的差距。当不同学生在彼此的最近发展区内进行合作学习时，会取得远高于学生独自学习的效果。因此，不同水平的学生可以通过合作学习，取长补短、相互帮助，共同提高学习质量。

综上所述，合作学习理论以建构主义学习理论和最近发展区理论为基础，对教学过程中教师和学生的地位进行了重新界定。教师不再是课堂的主宰，学生成为课堂的

主体,在合作学习中,学生不是被动地接受外界知识,而是在教师或其他同学的帮助下主动去构建新知识。[a]

三、合作学习在大学英语翻译教学中应用的必要性

从目前的大学英语课堂教学来看,翻译教学的地位并没有得到足够的重视。尽管现在的大学英语教材每个单元课后都有单句翻译练习,但这些翻译练习实际上是一种造句练习,目的是检查学生能否熟练运用课文中所学的词汇或语法知识,与真实翻译任务的要求相差甚远,根本无法有效培养学生的翻译能力。

自 2013 年 12 月起,全国大学英语四、六级考试委员会已经对四、六级考试的试卷构成和考试题型进行了调整。其中翻译的试卷比重由 5% 提升到了 15%,题型由单句汉译英调整为段落汉译英,翻译内容涉及中国的文化、经济、历史、教育和社会等多个方面。在这种形势下,如果继续因循守旧,采用语法翻译教学,就会导致学生在翻译过程中逐字逐句地过度直译,不利于培养学生在真实语境中的翻译能力,因此,必须尽快转变大学英语翻译教学模式,将合作学习应用到大学英语翻译教学中,调动学生翻译学习的积极主动性,让学生在小组合作翻译中逐步提高翻译能力。

四、合作学习在大学英语翻译教学中的具体应用

合作学习在大学英语翻译教学中的具体应用主要包括以下三个阶段:合作翻译前的准备阶段、合作翻译中的管理阶段以及合作翻译后的评价阶段。

(一)合作翻译前的准备阶段

这一阶段主要包括小组分组、任务确定和翻译相关知识讲解。在小组合作开展翻译任务前,教师首先需要根据学生的性别、英语水平、学习风格等进行合理的分组。然后教师需要广泛收集材料,确定合适的翻译素材,设计具体的翻译任务。最后,在翻译任务开始之前,教师还需在课堂上抽出一定的时间提前对翻译素材中的重点及难点进行讲解,排除学生在翻译文本特征、翻译技巧等方面的难题,为接下来的小组合作翻译指明方向。

(二)合作翻译中的管理阶段

这一阶段学生需要合作完成共同的翻译任务,教师主要负责推动和管理整个合作翻译的过程,并在必要时提供帮助。

---

a 杨丰宁. 英汉语言比较与翻译 [M]. 天津:天津大学出版社,2006.

学生的翻译过程包括小组成员独立翻译及小组讨论两个方面。拿到翻译任务后，小组成员可以通过讨论来加深对翻译素材的理解，之后，小组成员可以依靠自己所掌握的语言知识和翻译方法去独立完成翻译。在翻译过程中，学生可以适当地借助字典查找个别术语的对应译文，也可以向小组成员或教师求助翻译中的部分难点，但是总体上必须独立完成翻译任务，不能过度依赖小组成员或教师。

在小组成员分别独立完成翻译任务后，小组可以就译文展开讨论。小组成员可以从选词、句型、语法等方面进行交流，互相学习、取长补短。同时，针对大家在翻译过程中遇到的困难进行探讨，并将翻译时的具体思路和采取的翻译技巧记录在翻译笔记上。最终在小组合作的基础上给出大家都认可的译文。

（三）合作翻译后的评价阶段

评价在合作学习中的作用十分重要，有效的评价能够激发和提高学生学习的兴趣。合作学习中的评价包括小组互评和教师评价两个方面。

评价工作首先应在各个小组之间进行，在完成翻译任务后，各小组可以相互批阅译文，学习对方译文的出彩之处，并对对方译文的不足之处提出相应的修改意见。小组互评完成后，各小组以 PPT 的方式在全班汇报最终译文，并对翻译过程中的具体思路和翻译技巧等进行解释说明。在每个小组汇报之后，教师一定要对学生的译文进行合理的评价，要不吝于赞美学生译文的精彩之处，但也不能无视学生译文中的错误，要给出建设性的修改意见，引导学生去发现翻译的规律，总结相应的翻译方法和技巧，最终提高翻译能力。最后，教师和学生要共同对各个小组的译文进行评分，对于优胜的小组要给予一定的奖励，激励学生翻译学习的动力。

综上所述，合作学习有助于改变以教师为中心的传统大学英语翻译教学模式的种种弊端，真正实现以学生为中心的大学英语课堂。通过将合作学习应用到大学英语翻译教学中，学生以小组为单位完成翻译任务，翻译过程中学生既可以独立进行翻译练习，又可以通过互相讨论学习如何翻译，在合作中逐渐提高翻译能力。

第五节 基于语料库的大学英语翻译教学模式

本节主要研究基于语料库的大学英语翻译教学模式，分析语料库在大学英语翻译教学中的应用价值，并提出了语料库在翻译教学中的应用策略，旨在降低学生单词学习压力的同时迅速提升学生的翻译能力。

一、语料库在大学英语翻译教学中的应用价值

近年来,国家在英文翻译方面的人才缺口很大,各行各业都需要专业性强、综合素质高的高级翻译人才,而英语专业学生对其他行业内专业英语的掌握程度往往不如本专业学生,缺乏其他专业知识背景。因此翻译能力的培养不应该局限于英语专业,同时也应该培养掌握核心专业知识的翻译人才,以适应社会与市场对专业英语翻译的需求,这里的专业并非英语专业,而是其他行业,如建工、机械等行业的英文翻译,有着很强的专业性,要求翻译工作人员在掌握基础翻译能力的同时还要掌握深入的行业知识,这一部分翻译人才不能仅仅依靠英语专业,工科专业学生自身的翻译能力培养也是十分必要的。

基于语料库的大学英语翻译教学就是一种普适性的英语翻译教学方法,不仅仅局限于英语专业,学生经过教师的演示与指导之后,能够借助语料库,更加全面、详细地了解英语与汉语的特点、差异及不同译文在句子结构、语言风格和词汇运用方面的差异,学生能够自发或者在小组成员帮助下及时发现相关翻译问题,从而快速提高翻译能力。

二、基于语料库的大学英语翻译教学方法

(一)教学思路

应用语料库的大学英语翻译教学采用数据驱动的教学方式,符合建构主义教学模式的基本要求,因此基于语料库的翻译教学要将建构主义思想充分发挥出来,改变传统的教学理念,教师充分应用语料库,为学生展示应用语料库进行翻译学习的便利,向学生传授语料库的使用方法,开展必要的培训,之后鼓励学生自主应用语料库,解决实际翻译问题,认真进行分析、总结。教师可以组织学生形成学习小组,在教师的协助与引导下,逐渐积累翻译知识,在必要的练习强化下巩固翻译认知结构。

(二)在词语搭配教学中的应用

词语搭配是语料库语言学的中心,在大学英语教学中,词汇的学习、应用和搭配也是重点内容,但是在教学过程中却存在着教学方法相对单一的问题,很多教师都只在对词汇的基本含义进行讲解之后向学生介绍一些相关的搭配方式,这一类搭配可能是一些约定俗成或者来自字典的用法,虽然不会存在语法方面的错误,但是在翻译工作中却可能存在着不地道、过于形式化的问题,不利于进行准确、恰当的沟通。

如教师在讲解 adapt to 和 be adapted to 这两个短语的搭配时，就可以让学生使用语言库进行相关句子的检索，出现类似如下结果：

（1）He tried hard to adapt himself to the new conditions.

（2）He has not yet adapted to the climate.

（3）Failure of big companies is adapted to changing circumstances is one of the fundamental puzzles of business world.

在这几句例句中，学生通过阅读和翻译，就能够感受到这两个短语之间的不同，adapt to 是这个词的及物动词的用法，一般为 adapt oneself to，表示适应、改变，而 be adapted to 是这个词的不及物动词的用法，表示被动的适应。学生在对检索结果的分析、理解过程中，有效锻炼了学生的观察能力、分析能力和语言能力，通过对词语搭配的深入研究，学生能够了解词汇搭配的基本逻辑规律。[a]

（三）基于语言频率的词汇教学

语料库凭借其强大的统计能力，能够十分直观地为使用者提供语言词汇的应用频率，通过对词汇出现频率的分级，词汇可以分为最常用、常用、不常用等几类，虽然这样的统计结构是机械的，但是对翻译教学来说，使用语言频率找寻高频高价值词汇，能够在短期内通过对高价值词汇的教学，让学生迅速掌握 80% 左右的普通文本表达和翻译的能力。语言库中存在着大量的语言素材，教师通过对单词的检索，能够了解单词在语言素材中出现的频率，分辨高频词汇和低频词汇，一般来说，出现频率最高的前 4000 个词汇组成了整个语言文本的 86.8%，而前 2000 个词汇组成的语句占据全部语言文本的 80%，这部分高频词往往都有着词长度小、语言表达基础、日常的特点，是价值最大的一部分词汇，经常出现在词表顶端。从心理学角度讲，基于顶端的词汇更容易被人记住，一定程度上对学生高频词的掌握也有很大的帮助。通过对语言频率的应用，教师能够优化教学中的词汇结构，让学生在掌握较少的词汇量的同时，也能掌握非常大的普通文本的表达和翻译方法，这对实现高效率的大学英语翻译教学有着重要的促进作用。

使用基本语料库的教学方法，能够有效锻炼学生自主学习、发现和总结的能力，加深对英语语境的理解，形成英语思维，基于高频词汇的词汇教学能够让学生在短时间内掌握覆盖 80% 普通文本的高频词汇，通过学习高价值词汇提高词汇学习的效果，是一种高效的大学英语翻译教学方法。

---

[a] 于根元. 应用语言学概论 [M]. 北京：商务印书馆，2003.

第六节　基于认知语言学的英语翻译教学模式

现阶段高校英语翻译教学中普遍具有被动性和固化性，采用认知语言学作为改良现有英语翻译教学模式的主要理论思路，并通过该思路对高校的英语翻译教学模式进行研究。从研究结果来看，在认知语言学理论优势的支持下，优化后的英语翻译教学模式明显具有质量化、综合化提升的趋势。

国家将大学生英语四级考试的翻译题目增加了整体性难度，即将原有的短句翻译变更为阅读翻译。虽然从短期来看，这种形式就是调整了英语翻译考试的基本模式，但实际上这种朝着应用化方向的改良正是昭示着国家未来对翻译人才的质量需求会越来越朝着全面化的方向发展。对此，本着提升人才培养实际质量的原则，高校教学人员有必要在现有基础上将认知语言学作为深入研究的理论背景，对英语翻译教学模式进行优化层面的分析研究。

一、认知语言学的理论内涵及其应用价值

认知语言学是一门语言学科，其以组合形态在研究领域中占有绝对的核心地位。在其"结合"的理论状态中，语言学＋心理学是其主要的组合形态。认知语言学的理论内涵实际上是具有一定哲学特征的。研究人员认为，认知语言学是以经验哲学作为基础，将语言的形成和传播过程定义为依靠习惯和认知而存在。换言之，认知语言学就是以人类对一切事物的认知作为基础，认为人类是在不断认知、不断调动认知的基础上，从而掌握了母语和第二语言的。相比简单的记忆学习，研究者更偏向于辩证语言的习得是以"心"和"理解"为基础的常识调用活动，一些习得过程都将是建立在对本身概念的理解之上。也就是说，只有当人们对一个事物、一类事件有明确的经验和个人见解时，人们才能够掌握应对于这类事物或事件的语言。认知语言学还指出，即使是一门语言的形成以语音和句法等根本含义为主，但其形成也必然是建立在客观真实条件下的，与人类主观意识和保有的知识系统密不可分的哲学过程。[a]

---

[a] 武锐. 翻译理论探索 [M]. 南京：东南大学出版社，2010.

二、运用认知语言学理论，创新英语翻译教学模式

（一）教学前阶段

在教学前阶段，教师需要运用一些简单的手法将学生大脑中对英语翻译的经验印象加以强化。首先，教师可以运用互联网资源，可在校内的资源平台上，或以班级为单位的社交软件平台上发布有关下堂课的基本内容和教学大纲。其次，教师应要求学生在实体课堂开课前，对发布内容中的知识点进行充分理解和阅读，当学生对部分知识内容有理解不通的疑问时，可以先行上网查找资料或查询书中可以引用的资料内容，自发性地对疑问知识点进行自我分析。在这种方式下，英语翻译基础能力较高的学生就基本能够通过自学对翻译分项内容产生比较熟练的、细致的状态印象。而在学生对新翻译知识点进行理解的过程中，学生为了达成"理解"这一举动，就会根据所见内容在脑内进行经验的检索，从而在探寻初高中语法知识和翻译知识的过程中，完成对认知语言习得思维的过程体验。

（二）教学过程

在应用认知语言学过程中，教师必须要稳抓教学"过程"的作用优势，在突出优势的理论定向内容设定中，教学人员可以将思路分解为两类：一是求同；二是存异。求同就表示，教师需要在讲解翻译技巧和翻译要点的过程中，通过中外对比的方式，在板书上或 PPT 上将中外翻译的特色展示出来，也就是以更加清晰的角度令学生明确汉英翻译的"相同"思路。如汉语和英语思维中都存在的"主谓宾"形式，能够充分调动学生语言学习得经验中关于汉语词汇属性的记忆点，从而令学生在熟记英语翻译逻辑中的词汇属性时，能够更加具有联系性地进行记忆，也就更能够突出记忆点中的习惯和经验价值特征。而存异也同样是通过立体化对比的形态，让学生能够更加突出"不能使用"的翻译语句和语法内容。对于此，教师同样需要采取更加贴近于学生经验的比对内容，调取学生常规知识中的印象，将学生翻译思维中对于汉语语境的经验加以提取，而后使用突出存异的方式，将新学翻译知识与经验知识相关联，从而为学生在脑内和英语翻译思维逻辑中呈现出更加简单的识记效果。

（三）练习过程

课堂练习是"五步教学法"中的重点内容，其意义在于能够通过精化学生英语翻译知识保有度，将学生对当堂所学知识的记忆真正移动到"可应用"层面上的重要课堂流程。在课堂练习环节，使用的所有测评和练习内容，都需要教师以所学知识范围

和难易度进行科学化、规律化的编制。而后在实际的练习过程中，教师要使用比较简单的翻译内容作为铺垫，充分遵循认知语言学中有关"语言能力的所得必然是从简单的认知再到概念知识的过程"这一论点。因此，教师需要充分考虑到学生的认知过程、语言结构等层面，以循序渐进的方式逐渐提升学生在英语翻译层面上的掌握程度，彻底改变学生死记硬背的学习方式。

（四）课外学阶段

1. 需增强对词汇记忆的关联能力

在英语翻译的过程中，类似于文化习得、技巧习得等层面固然具有重要的作用。但词汇是构成英语语句的最根本元素，因此，教师在优化教学模式的过程中，也应该在课外环节加深学生对词汇记忆的关联度。首先，教师可以通过使用阅读记忆的形式加深学生对于小范围词汇的经验印象，如可使用课上所学阅读翻译内容中的生词，令学生在有一定汉语印象的条件下对这些生词进行重复记忆。其次，教师也可以使用信息化的教学辅助资源，如"百词斩"等以形象记忆为主的单词背诵软件，从而以图像的形式，提升学生对部分范围内单词的深度印象。

2. 需提升学生对英语文化背景的认知能力

在认知语言学的哲学思论范围中，当涉及多方文化交融习得时，那么学习者除了要调动对于汉语的语言经验外，也需要对英语文化和语境进行充分的了解。如此学生便能够在建立双语思维语境的条件下，提升自身对于跨文化语境的翻译反应程度。对此，教师可以引导学生观看与英语历史文化相关的影视作品。当学生能够对英美文化有深入的了解时，就自然能够在课堂环境中直接建立与翻译语境相关联的思考内容，免除参与英语翻译教学过程中出现认知偏差的现象。

第七节　基于双语平行语料库的商务英语翻译教学模式

在当前的经济全球化背景下我国的经济对外交流不断增加，在交流中，商务英语是主要的交流媒介，因此当前大学开始重视对商务英语的教学和培养。但是，由于我国商务英语教学发展时间较短，教学体系和模式所含结构存在不完善之处，导致当前商务英语翻译质量较低，难以满足企业的国际化交流需求。在未来的发展中，高校结合双语平行语料库对商务英语翻译教学模式进行了优化设计，丰富了教学过程中的语境和翻译意识，有助于教学质量的提升。

一、理论基础

双语平行语料库是在教学中将语言的学习、翻译实践及语言知识结合组成的教学理论，其在教学中使用建构主义对教学中的主动性进行强化，并针对学生的相关的语言学习和翻译经历来诱导学生形成合理的语言架构。双语平行语料库在当前我国的商务英语翻译教学中进行了使用，有效地提升了商务英语翻译教学的质量，但是这一教学方式的发展和推广尚存在不足之处。商务英语教学中可以获取的语料库数量较少，且难以将语料库的内容融入教学过程中。借助双语平行语料库进行的翻译教学使得教学模式与传统教学过程存在一定的差异，因此当前的教师一般根据不同的商务英语内容选择合适的语料库内容。

双语平行语料库中的理论资料内容十分丰富，可以帮助学生在学习中获得更为丰富的教学资料支持。在实际的教学中，教师会借助双语平行语料库，围绕学生的学习过程来设计合适的教学模式，提升学生使用语料库的积极性。双语平行语料库的使用和支持使得商务英语翻译教学过程的教学主动性有所提升。

二、商务英语翻译教学的目标

在当前的商务英语翻译教学中，其教学模式的主要目标是通过具备商务英语使用和翻译经验的教师的教学和带领，使得学生可以提升自身的双语知识水平和翻译能力，培养自身对于双语文化素质及审美能力等。当前商务英语的教学目标主要包括：①对学生英语翻译学习和使用的兴趣进行培养，提升学生的商务英语翻译水平。②借助语料库中的英语文章分析和对比等方式来对当前学生使用商务英语的能力等进行规范和提升。③通过使用不同译本来提升学生对不同翻译模式进行对比，提升学生的翻译和辨别能力。④通过学生的语料库分析和观察丰富自身的翻译技巧，提升学生的翻译意识。⑤培养学生高效使用翻译工具如词典等的能力，方便学生未来在翻译工作中的使用。⑥在学习过程中商务英语翻译中的工具使用及翻译技巧的练习，学生可以提升自身对商务英语翻译技巧的掌握质量，提升学生的英语翻译能力。[a]

三、教学模式的构建

双语平行语料库中包括学生的母语及商务英语，在英语学习过程之中，学习者仍然习惯于使用母语的思维方式和使用习惯，由于两种语言的语法、词语使用等存在不

---

[a] 何江波. 英汉翻译理论与实践教程[M]. 长沙：湖南大学出版社，2010.

同之处，使得母语使用习惯会影响英语的学习。在英语学习过程中过多使用母语的语言规则和思维会影响学习者对于新的语言知识的学习和接受，因此，在部分研究中也将英语学习过程中的母语迁移作为负迁移的一部分。

当前的商务英语学习过程中较为流行的学习方法是回避母语使用的教学方法，可以在学习过程中避免母语思维和使用习惯对商务英语学习的影响，主要包括直接法、听说法、视听法等教学方法，直接法的使用提倡在学习过程中使用目标学习语言进行交谈和阅读，强调在学习过程中不应当使用母语作为翻译和注释，以免造成母语思维的影响。这种学习方法的主要指导思想是直接认知思想，其认为在学习过程中的最佳方式就是在纯粹的商务英语语言环境中进行学习，避免母语的影响。

（一）母语对商务英语学习的影响

在商务英语学习和教学过程中，由于语言知识、语法的教学不同，商务英语语言文化知识的地位较低。在学习过程中，随着学生商务英语语言知识和语法使用的熟练，商务英语文化的地位开始逐渐提升，在这个过程中学生会形成目的性的语言文化。同时，为了进一步提高商务英语使用的熟练度以及目的语表达习惯，商务英语文化语境受到了教育者的统一使用，母语文化的地位逐渐降低。商务英语学习的主要目的是实现文化和语言上交流的简便，文化交流过程是一个双向的过程，既包括对商务英语文化的了解，又包括对母语文化的推广。在国际文化背景之下，母语文化在商务英语语境中也开始有了影响，因此，在商务英语学习过程中不应当把标准化语言语法的习得作为目标，而是应当以商务英语和母语的共同使用和学习作为目标。在商务英语学习过程中，单纯的商务英语环境学习使得母语文化和技能逐渐缺失，这对于学习者的文化交流行为是不利的，在未来的学习过程中应当避免这种现象的发生。

在商务英语习得的过程中，不管学习环境如何，学习者都不能完全客观地、不使用母语知识完成信息转换和交流过程。在语言信息的交流过程中发生的是由商务英语向母语之间进行信息的转换，其发生不仅取决于母语和商务英语之间的语法和意义差距，还取决于商务英语习得者的个体文化倾向。假如学习者无法完全理解商务英语内容或是背景文化映射的内容，就会使得习得者难以全面理解交流过程的内容，大量的信息遭到遗漏。假如在商务英语习得的过程中，学习者的个人文化可以有效理解交流过程中的文化知识，就可以更为高效地实现文化的交流和理解。个体文化的缺失会造成商务英语学习过程中的雷同现象，相似文化之间的混杂使得商务英语学习质量受到影响。因此，在当前商务英语习得的过程中，商务英语文化的学习也成为商务英语习得过程中的重要项目，通过阅读目的语言文化背景之下的文化资料可以更为高效地实现目的语文化的建立。

（二）学习模式的建立

商务英语习得者在学习过程中一般是通过语言文化背景学习的方式来接触目的语言的背景文化，在接受过程中，其主要是以目的语使用者的文化角度进行的学习和了解，在文本化的过程中，目的语文化经过较大的抽象和提炼处理，与当前时代中的文化特征有较大的差异。因此在学习过程中，商务英语习得者常会由于文本化的目的语文化介绍而形成对语言文化的刻板印象，出现文化失真的现象。文化失真不仅会发生在目的语的学习过程中，母语文化的失真也是在当前的文化交流和目的语学习过程中存在的普遍问题。学习者的接受性使得文本中的印象会形成较为刻板的文化形象，造成文化失真的连锁反应。

语言学习过程在实际上属于对语言知识的认知过程，在学习过程中，母语的语言知识是学习目的语的语法使用技能的基础，是实现商务英语学习的认知基础。在认知心理学的研究过程中，研究人员认为图式是完成认知过程的基础，在学习和认知过程中，学习者可以根据图式对所要学习的信息进行组织和吸收。在语言学习过程中，主要完成的学习过程包括同化和顺应两个步骤，同化是指在学习过程之中将需要学习的信息知识纳入当前已知的知识体系之中，在扩展知识体系的同时完成对新知识的了解使用；顺应是指在学习之中，假如旧有的知识体系无法满足同化新信息的要求，此时应该进行调整改造，建立新的知识体系图式。

在商务英语习得的过程中，学习者的母语认知体系处于不断的扩展和改造调整的过程中，其可以借助知识体系的调整来完成母语认知和商务英语认知之间的转换。在当前的教育研究中部分研究人员认为母语思维并非降低商务英语学习过程效率的影响因素，在学习过程中母语思维起到的是认知模式的调整作用。在学习过程中其主要的价值是在认知过程中采取合适的手段来在母语思维和目的语思维之间进行转换，熟练掌握目的语的知识。学习者在接受目的语的语言知识和使用习惯的过程中，可能在初期需要使用母语作为语言思维的中间转换工具，在逐渐熟练之后，就可以实现对目的语使用习惯的正常使用。当前在商务英语学习过程中，部分学习者会在实际使用过程中受到母语语言习惯的影响，在实质上，这种影响是学习者使用母语来协助对语言的理解的过程。在商务英语学习过程中，母语知识的合理使用可以借以过渡，逐渐熟练之后就会逐渐减少。

当前在商务英语学习和教育过程中出现较多的一种观点是在学习中要脱离母语思

维，这样才能提高对目的语言的掌握和使用程度。受到这一观点的影响，当前在学习过程中学习者常会受到母语思维使用的影响，母语思维在理解和使用中的参与是否会造成商务英语学习质量下降是当前部分学习者所担心的问题之一。实际上，在商务英语学习过程中母语思维的介入和使用是学习中不可避免的现象，是母语语言思维的认知单元参与语言学习的过程。当前的研究过程中发现学习者在进行商务英语阅读和交流过程中使用母语思维的频率较高，常用于对外文文章内容的翻译、总结及评价。在商务英语学习和理解过程中母语思维单位参与的主要作用是认知协助和认知监控，提升学习者的理解深度。在认知学的研究中，元认知是对认知过程的认知，是学习过程中个人对自身认知学习过程的监控和管理过程。在学习中，学习者可以使用元认知来对学习过程的认知策略和学习方法进行调整。元认知的存在可以帮助商务英语学习者调控自己的学习过程，提升自身对于目的语言语义、使用思维以及认知过程的熟练度。通过学习过程中的元认知意识调整，学习者可以反思自身的学习过程，高效地完成商务英语学习，促进商务英语思维的形成发展。

在商务英语学习过程中，要提升对目的语文化和思维的掌握程度，提高在交流过程中对文化的认知情况，就需要在学习中充分了解目的语言的使用习惯和文化背景。如上文所分析的，当前在商务英语学习过程中主要使用的方式是书本资料的学习。书本资料作为前人的总结，作者对于自身母语文化有较深的了解，从而使得文章中文化叙述可以造成较为深厚的印象，在长期学习过程中会使得学习者形成对目的语文化的刻板印象，不利于进行文化交流。在当前的学习过程中，由于认知学的传统母语负迁移观念的深入人心以及直接法教学流派的影响，当前的商务英语教学中母语文化的参与度不高，常被认为是可有可无的存在。在教学过程中盲目排斥母语使用和母语文化学习的观点使得商务英语学习过程中母语文化素养的降低。当前有研究人员指出，在商务英语学习过程中母语文化的缺乏会使外语语言文化学习能力不足，影响商务英语使用能力。因此，在学习过程中合理使用母语文化可以有效促进商务英语学习的质量。不同文化之间存在目的和形式上的差异，在学习商务英语文化的过程中可以使用母语文化中相近或是不同的文化观点作为参考和对比，提高对商务英语文化的掌握情况。而且，不同语言之间存在共性，其决定了母语是外语学习过程中不可缺少的基础，是应当合理利用的资源。在跨文化的语言学习过程中，有意识地对两种不同文化进行对比分析，以母语文化作为学习中的参照可以提升商务英语掌握质量，建立完善的语言体系。

在商务英语学习过程中，学习者不仅会逐渐增进对目的语文化的了解，随着学习过程中对外语文化的了解逐渐加深，学习者对母语文化的掌握也有了一定的提升，商务英语学习的过程等同于一个文化交流的过程,目的语文化和母语文化都会得到理解和掌握程度上的提升。语言能力培养是商务英语习得的主要目标,但语言背景中的文化因素才是语言交流的实体。失去文化的支撑,语言寸步难行。目的语文化在商务英语习得的过程中已经有所体现,然而,母语文化却经常被孤立或排斥。母语文化失语、个体文化缺失、文化失真等问题在商务英语习得中不同程度地出现。要保持目的语文化与母语文化的平衡,实现两者之间的互通交流,就必须适度地拓展母语文化,通过多元文化互动、个体文化介入、母语文化重建等方式维持目的语文化与母语文化之间的生态平衡,在动态的循环中淘汰旧的文化形态。[a]

(三)双语平行语料库驱动下的语句翻译教学

英语和母语往往存在一些语句结构上的差异,会给学生的学习过程造成影响。由于教学内容的限制,当前商务英语的翻译教学中,教师无法全面对母语和英语之间的语句结构等内容进行解释和对比,影响了学生翻译能力的提升。在当前的商务英语翻译教学中,教师可以借助双语平行语料库对相应的英语和母语例句进行对比和参考,方便学生对相关的语句语境及结构上的差别有充分的了解。借助教师在课上使用的对比例句,教师可以帮助学生对母语中的不同字和词的使用技巧进行了解,并借助课上的学习和练习,实现翻译能力的不断提升。

借助双语平行语料库,教师可以帮助学生对商务英语中不同长度的句子以及词汇等进行比较研究方式,了解不同句子之间的相同和不同点,优化自身在未来的英语翻译中的技能熟练度,提升教学质量。针对不同的文章和结构,培养学生宏观思维的方式也存在差异。针对记叙文的写作,教师应当遵循如下的几个步骤进行培养:教师需要培养学生提炼文章共性的能力,学生在日常阅读过程中接受的记叙文在结构和知识上有一定的共性,学生自身的认知能力可以将文章中的结构等进行分析和归类,提取其存在的供应。教师在培养学生的写作能力的过程中,应当有意地培养学生分析和理解文章结构的能力,从文章的结构入手对文章进行阅读,提升学生对文章层次的掌握能力。完成结构分析之后,学生要进行的是对文章情节发展脉络的分析,在文章内容的选择上应当选择具备较高代表性的对象侧面,尽量选择学生可以进行感知和认知的侧面,提升阅读时的共感性。借助情节分析和理解的过程中,学生可以形成一种文章写作和分析的固有框架,巩固学生翻译商务英语的能力。

在当前的商务英语翻译教学中,双语平行语料库是使用较多的教学手段,有效地推动了现代教学改革进程,提升了高校中的商务英语翻译教学的质量。双语平行语料

---

[a] 黄成洲,刘丽芸. 英汉翻译技巧[M]. 西安:西北工业大学出版社,2008.

库的使用方便了学生的自主学习，方便了教师为学生展示母语和英语语境、语句结构之间的对比示范，提升了学生对商务英语的了解程度，推动了商务英语的发展教学。

第八节　多模态理论下的大学英语翻译教学模式

随着社会经济的发展，我国的高等教育面临着巨大的机遇和挑战。多年来，国家一直倡导深化教学改革，提高教学的质量。因此，提升大学英语教学质量和改进大学英语教学的方法的探讨从未停歇过。翻译教学作为大学英语教学的重要组成部分，长期以来在大学英语教学中并未得到足够的重视，存在诸多不足。首先是由于大学英语教材并没有系统地介绍翻译的理论与翻译的技巧。在翻译实践活动中，没有相应的翻译理论和翻译技巧的指导，句子的生搬硬套、语言逻辑混乱、语句间缺乏连贯性等现象经常出现；其次是现有的大学英语课堂仍然以传授语言知识，培养英语听、说、读、写能力为主，忽略了对学生翻译能力的培养。同时，教学手段和形式单一，教学内容也仅局限于每个单元课后练习的讲解，无法调动学生在翻译学习中的主动性和创造性。此外，由于英语专业自身学科特点，其所培养的毕业生在知识的广度和深度上无法满足社会对复合型翻译人才的需求，所以，为社会输送高质量复合型翻译人才的重任落到了大学英语教学的肩上。因此，从事大学英语教学的研究者有必要反思传统翻译教学模式，探索新型教学模式和教学途径，加强大学英语翻译教学改革力度，提高英语学习者的翻译能力。现今，随着网络与信息技术的发展和普遍应用，多模态话语分析理论为大学英语翻译教学提供了全新的视角。本节将讨论在大学英语翻译教学中如何引入多模态的教学模式，并通过语言、图像、声音等符号激发学生英语学习兴趣，提高大学英语翻译教学的质量和效率。

一、理论依据

多模态话语分析理论兴起于20世纪90年代，它以韩礼德（Halliday）的系统功能语言学为理论基础，将图像、声音及动作等作为语言符号性的研究重心。研究认为，除语言符号外的其他非语言符号系统也是意义的源泉，非语言符号同样具有语言的系统性和功能性；不同的符号模态可以表达相同的意义，语言和非语言符号也是意义建构的资源，由多种符号系统构建的多模态话语同样具有概念功能、人际功能及语篇功能。而多模态化教学这一概念是由新伦敦集团（New London Group）在1996年提出的新术语，作为一种教学理论，它主张利用网络、图片、声音等多种教学手段来调动学习者的多种感官参与到语言的学习中。学者克雷斯（Kress）在其著作中探讨了如何在课堂中开展多模态教学，指出了图像、手势及动作在教学过程中的作用。国内语言学家胡壮麟、朱永生等也对多模态话语分析理论在教学领域的使用进行了研究，认为在数字化信息时代及多媒体技术被广泛使用的背景下，利用多模态教学理论构建多模态化的教学模式是时代发展的需求，是促进语言教学发展的重要途径。因此，在大学英语翻译教学课堂上实施多模态教学势在必行。教师可以凭借多媒体技术，在课堂上借助声音、图像及文字等符号，在教学过程中构建多模态教学方式，从视觉、听觉等不同感官刺激学生，提高他们对语言信息的认知能力，达到更好的教学效果。

二、多模态翻译教学模式的可行性分析

多模态教学就是指在多媒体环境下，教师充分调用语言、图像、声音等多种模态获取、传递和接受信息。随着多媒体教室与校园网的普及，计算机多媒体及网络技术在英语教学中已得到广泛使用，它们具有信息量大、信息输入手段多样化等特点，为英语学习者提供了无限的学习资源和有利的学习条件。在大学英语翻译教学中，计算机多媒体教学有助于提高教学的效率，扩大相关翻译理论知识，增加英语学习者课内翻译实践的机会，改变了传统以教师讲授为主的单一课堂教学模式。[a]

（一）多媒体是多模态教学的保障

多模态的教学就是要利用多种手段如图像、声音、动画等手段来刺激人的视觉、听觉、触觉等多种感官，从而达到有效的交际效果。计算机的网络教学为英语学习者提供了无限的资源和有利的条件。多媒体网络教学既包括文字、数字等信息交流手段，还包括声音、动画及图像等多种信息媒体。随着大学英语教学改革的不断推进，多媒体网络教学在大学英语教学中得到普及，现有的英语教材大都是为多媒体教学设计的，比如外语教学与研究出版社出版的《全新版大学英语》都是集纸质课本、电子光盘和网络学习平台为一体的立体化教材。因此，在大学英语翻译教学过程中，我们要充分利用多媒体网络技术信息量大、交互性强的特点，提高大学英语翻译教学的质量和效果。首先，我们可以分类建立包括PPT、视频、音频及图片在内的大学英语翻译教学资源，教师在教学过程中可以及时检索和更新所需素材，保证翻译教学的时效性。其次是教师可根据所教班级的专业特点和学生兴趣，选择相应的学习素材上传到网络学习平台，让学生进行实战训练，做到理论学习与翻译实践相结合。最后，通过多媒体

---

[a] 谢天振，等. 中西翻译简史 [M]. 北京：外语教学与研究出版社，2009.

技术的支持下,教师能够及时地了解学生学习和实践情况,并给予及时指导。总之,在多媒体网络条件下,教师可以通过文字、图片、音频、视频及PPT等工具来训练英语学习者的视觉、听觉和感觉等模态,以此提高他们的语言表达能力及信息输出能力。

(二)多模态翻译教学的优势

作为传统的大学英语翻译教学模式的补充,多模态翻译教学模式有其内在优势。一是多模态教学运用于大学英语翻译教学,可以使英语学习者的多种感觉器官参与到翻译学习中,促进学生的学习主观能动性。多模态强调多种感官并用,在教学过程中,教师可以利用多种教学资源如声音、视频、动画、彩色文字来刺激学生大脑皮层相应的机能区,从而激活视觉、听觉和触觉等模态,以加深对所学内容的理解与记忆。同时,多模态的教学模式还有利于营造轻松、活泼、积极的课堂氛围,激发学生语言学习的积极性。比如在翻译教学中,教师可以选择一部影视作品如《阿甘正传》中的经典片段让学生欣赏,并在观赏的过程中,教师会选取经典句子让学生进行翻译,之后由教师提供参考答案供学生分析讨论。通过利用声音、图像和文字等多种形式向学生营造较为真实的语言环境,学生的眼、耳、口等感官不断受到刺激,学生的各个神经器官和兴趣也因此得到调动,学习的积极性得到激发。二是在课后的翻译学习活动中,在多媒体技术的支持下,学生可以利用教师多模态文本所输出的信息,多次重复地观看、回忆、讨论,对所学知识进行巩固,以提高翻译学习的效果。与此同时,有了多媒体技术的支持,学生可自行选取、收集和整理一些与自身实际水平相符的翻译学习材料,不断加强翻译练习,从而提高翻译能力和水平,促进了学生英语学习的主动性和积极性。

三、多模态理论下的翻译教学模式

(一)教学内容呈现多模态

大学英语教学目标是培养满足社会所需的综合应用型人才。现实情况是,目前在翻译市场上从事翻译工作的大多数人员均属于自由职业者,翻译人才良莠不齐,翻译质量总体低下。在高校中,翻译人才培养对象比较单一,基本上局限于英语专业的学生。因此,随着翻译市场需求的专业化和多元化,要求译者有足够的专业知识和双语能力。而英语专业培养的毕业生在知识的广度和专业的深度上无法满足翻译市场的需求,所以有一定的专业背景,同时又具备较强的外语能力的翻译人才颇受欢迎。在这种条件下,大学英语翻译教学迎来了机遇和挑战,为培养一批能适应翻译新形势和翻译市场需求的新型人才，大学英语翻译课堂教学应实现多模态化。教师除了讲授简单的翻译技巧和方法外，还应增加翻译理论、中西方语言文化对比、中西方翻译史和英汉语言对比等课程内容，让学生加强对语言和翻译的认识和理解。在传统的翻译教学中，教师往往大量依赖教材或是自己准备的资料，这种做法既费时又费力，影响翻译教学效果。多模态教学为传统教学提供了辅助，在翻译教学中，教师可以充分利用网络、语料库等收集大量翻译资料，供学生进行翻译实践训练，提高教学效率。

（二）教学手段呈现多模态

在传统的教学环境下，教学的设备通常是黑板＋粉笔，学生总是在教师的要求下机械地进行翻译练习，然后由教师进行点评。时间一长，这种单调的授课形式容易让学生产生厌倦，不利于激发学生主观能动性，学生的学习效率较低。在多模态教学环境下，教师可将翻译教学的内容以 PPT、音频与视频等形式呈现给学生，使翻译教学的课堂变得丰富、生动、形象，使教学效果最大化。譬如教师可以给学生播放一个电影的片段，从视觉、听觉上吸引学生，然后让学生记下电影字幕，并要求学生现场翻译。具体形式是学生以小组讨论的形式进行，每个小组完成翻译任务后，各小组之间进行交流、评比，选出最优秀的翻译，然后由教师进行点评和讲解。这种教学方式可以提高学生的积极性，也可增强学生的课堂参与度。教师可以通过多媒体网络技术，在自己的班级建立 QQ 群、微信群等，然后把翻译的素材通过微信或 QQ 群等方式传递给学生，供学生交流、讨论，然后形成较为理想的译文，最后由教师对学生遇到的难点进行评析，取得较好的翻译成果。总之，有了多模态教学环境，教师教学从课堂内延伸到课堂外，师生之间、学生之间保持着动态的信息交互。[a]

（三）翻译实践形式呈现多模态

在传统的翻译实践中，学生单纯地依靠教师布置的任务来提升翻译能力，这种形式略显单一，效果欠佳。学校应该为学生创设参与翻译实践的机会，锻炼学生翻译能力。

首先，公共外语教学部应加强和各二级学院之间的联系与协作，定期举办符合本专业学生实际能力的翻译比赛活动。大赛可以由大学英语教学部的教师辅助学生团体一起完成。鉴于学生实际水平，组织形式可以是汉译英或是英译汉；比赛的内容可以根据各学院的专业特点，选择一些符合本专业实际的词组、句子或段落让学生进行翻译（参赛的内容可以随着学生学业水平的提升适当增加难度）；参赛对象是整个学院的学生，并确保每位学生都有机会进行尝试；比赛可分初赛和决赛，逐层进行选拔；

---

[a] 杨贤玉. 英汉翻译概论 [M]. 武汉：中国地质大学出版社，2010.

最后胜出者可设一、二、三等奖，并颁发相应的证书。其次，学校可以与翻译机构合作，选派本校的师生到合作的翻译机构实习。这样既可促进学生课堂知识的吸收，增加师生对翻译行业的了解，又能锻炼师生的翻译实践能力。最后，翻译机构也可以调派翻译人员到学校上课，让其了解学校翻译教学现状，并针对教学现状提出建设性意见，为学校培养高素质的翻译人才提供保障。另外，学校还可以为翻译机构的人员提供培训、业务咨询和理论指导，并对翻译机构的优秀译员进行荣誉聘用，邀请其到学校进行翻译专题讲座；翻译机构也可以把自己的翻译业务转包给学校师生，充分利用学校人力资源的优势，缩减自己的劳动成本。总之，这种双赢的校企结合方式为师生的翻译理论学习与社会实践相结合创造了有利的条件，既让师生在社会实践中不断提升自己的翻译能力，也有利于翻译机构储备优秀翻译人才。

综上所述，以网络为基础的多模态教学模式为英语翻译教学提供了一个全新的视角，弥补了传统翻译教学模式的不足，丰富了课堂教学内容，增强了教学的直观性和生动性，提高了翻译教学效率。现代网络技术为学生进行多渠道、多形式的翻译学习和实践活动提供了保障，增强了学生自主学习能力。通过多模态实践手段，提高了学生在翻译实践中的积极性和主动性，也提升了其翻译能力。总之，多模态翻译教学模式有助于推动大学英语翻译教学模式的改革，在培养社会所需的复合型翻译人才中起着重要作用。

第六章 多媒体视角下大学英语翻译教学

第一节 多媒体环境下大学英语翻译课堂教学

随着社会的发展及科学技术的提升,社会已然变成一个信息化大学堂。于是,很多教师开始将这种信息化的技术引入到课堂中来,这种在大学翻译课堂教学中引入多媒体技术的教学模式对教学来说本身是有极大益处的,但是在具体的操作环节,却由于部分教师的使用不当而导致一定的消极影响的产生。为了更好地实现多媒体技术与英语翻译课堂教学的有效结合,教师应该努力寻找多媒体环境下大学英语翻译课堂教学存在的问题,并寻找与之相对应的解决对策。

一、多媒体教学环境下大学英语翻译课堂教学存在的问题

多媒体教学环境下,大学英语翻译课堂教学存在以下几方面的问题:第一,过度依赖多媒体技术;第二,过分注重形式,忽略教学内容;第三,播放式教学,忽略学生主体地位。

(一)过分依赖多媒体技术

多媒体教学拥有很多传统的课堂教学模式没有的优势,但是这并不代表教师要完全摒弃传统的教学模式,然而,在实际教学过程中,很多教师过分依赖多媒体技术却忽略了传统的教学模式的使用,结果不但没有提升教学质量,反而降低了教学质量。例如,传统的教学环境下,教师大都会撰写教案,在课堂上采用板书的形式为学生讲解教学重点以及难点。多媒体环境下,教师为了节省板书的时间,采用PPT课件的形式进行教学,然而部分教师则完全依赖于教学课件,整节课堂不进行任何板书,只是一味借助PPT进行讲解,更有甚者,一旦停电或者多媒体设备出现故障,便无法正常

完成教学内容的讲解。[a]

（二）过分注重形式，忽略教学内容

多媒体教学的优势在于可以利用多媒体本身生动形象的特点吸引学生的注意力，然而在教学过程中，却有部分教师过分注重教学形式，而忽略了教学内容的讲解。例如，在课堂教学中，教师为了吸引学生的注意力，会在 PPT 课件中设置一定的动画，或者是插入一定的图片、视频或者是音频，这样做的出发点是为了吸引学生的注意力，然而由于部分教师设置过多这种与教学无关的内容而导致学生注意力的分散。学生将过多的注意力放在这些形式化的内容上，却忽略了对教学的重难点内容的学习，从而导致学习效果的下降。

（三）播放式教学，忽略学生主体地位

教师在制作教学课件时，有的教师为了实现高质量化的教育，会将教学课件做得面面俱到，课件也设计得很漂亮，还设置了很多的动画，但是却忽略了这样一来，教学课件的页数将会变得特别多，播放的时间也会变长。我们知道，每节课的教学内容以及教学时间都是一定的。如果教师设置的课件的页数过多，为了能够完成教学内容的讲解，教师只能采用播放式教学法，这样一来，整节课下来，学生会觉得整节课像看电影，一直在看教师的课件的放映，但是却记不住任何内容。由此可见，多媒体教学环境下，大学英语翻译课堂教学确实存在一系列的问题。

二、多媒体环境下大学英语翻译课堂教学存在的问题的解决对策

为了解决上述问题，教师可以采用如下几点对策：

（一）采用多媒体技术与传统教学技术相结合的教学方法

教师可以使用多媒体技术进行教学，但是也要结合一定的传统教学模式。比如，在教学过程中，对于重点及难点的内容，教师应该适当地进行板书，从而让学生了解到该教学内容的重要性，同时，对学生来说也是一种提示，提示学生这个环节的教学内容是需要做一定的记录的。这样一来，不仅可以起到激发学生学习兴趣，提升课堂教学效率的作用，而且可以实现课堂教学的高质量化。

---

[a] 于根元.二十世纪的中国语言应用研究 [M].太原：书海出版社，1966.

（二）重视教学内容的教授

在教学过程中，在教学课件内设置一定的动画、图片以及视频、音频，这本身是没有问题的，但是一定要注意设置的量，不能过度地注重形式而导致教学内容的忽略。教师应该在保证教学内容的充分及完整的情况下，再适当地设置一定的教学形式，做到形式与内容的双结合，从而在实现教学内容的讲解的同时，也能够很好地调节课堂的教学氛围，激发学生学习的积极性及主动性。

（三）设计以学生为中心的教学模式

无论使用什么样的教学方法、教学模式，教师要保证，该教学模式一定是以学生为教学中心，重视学生在课堂上的主体地位，只有这样，才能实现新课改的要求，提升教学的有效性。例如，我们可以让学生根据教学内容设置一份幻灯片，这样一来，不仅可以实现教学内容的学习以及预习，还可以培养学生的创新能力以及想象能力，进而实现全方面发展教学。

总之，多媒体技术只是大学阶段教学的一个辅助手段，它并不能作为课堂教学的主体，更不能代替教师及学生在课堂教学活动中的主体地位。因此，若想实现多媒体技术与大学英语翻译课堂教学的有效结合，教师应该努力抓住多媒体技术本身具有的特征，并利用这些特征与传统教学模式进行有效结合，从而实现大学翻译课堂教学高质量化及高效率化。[a]

第二节　网络环境下大学英语翻译"零课时"教学

引入多媒体网络的大学英语教学改革取得了显著成绩，然而翻译在教学环节所占比重仍然很少。本节阐述了大学英语翻译教学现状及"零课时"教学方法，对网络环境下的大学英语翻译"零课时"教学的优势进行了简要分析，在此基础上，围绕网络环境下的大学英语翻译"零课时"教学，提出了提升大学英语翻译教学质量的策略。

---

[a] 钟书能. 英汉翻译技巧 [M]. 北京：对外经济贸易大学出版社，2010.

一、翻译"零课时"教学方法的提出

（一）"零课时"翻译教学的理论基础

心智主义学派认为，每个人都有天生的"语言学习机制"，人语言能力的获得和形成是本能使然，是人脑固有属性和后天经验相互作用的结果。教师只需刺激学生固有的"天赋"，引导学生，将他们已有的语言能力与后天学习的知识相结合，使学生自主、自愿地投入学习中。

系统功能学派认为，外语教学必须从交际目的出发来决定教学内容和教学方法。大学英语翻译"零课时"教学是集心智主义和功能主义理论之所长的一种教学方法，它采用交际教学法中常见的任务法设计翻译教学大纲，通过设定任务完成翻译技能训练，从而提高学生的翻译技能。

（二）"零课时"概念解读

2001年4月，"零课时模式"（Zero-Hour APProach）被正式提出，它以倡导学生锻炼"自主学习"能力为目标。所谓"零课时"是指不设固定的课时，学习任务在课外进行，教师将学习内容按照难易程度划分等级，通过网络提供给学生，教师不定期对学生进行考试或考察。

"零课时"教学方法有三方面的特点，即"有教师""有学分""无课时"。"有教师"，虽有教师指导，但匿身于网络中，不对学生进行面授，监控学习始终，最后给出阶段性评价；"有学分"，倡导学生自主学习，有明确的学习任务，有过程评价，有成绩核定，提高学习效果；"无课时"，无教学课时是翻译"零课时"的最大特色，学生可以在大量的课余时间里，合理安排学习进度、灵活安排学习时间，从被动学习转为主动学习，提高翻译技能。根据以上提出的"零课时"教学方法，应用到大学生的翻译教学中，必将大大激发学生对翻译的兴趣，提高翻译的能力和技能。

二、网络环境下的大学英语翻译"零课时"教学

（一）网络优势在教学中的体现

教学有效性是指教师教的活动即教学过程的有效性，表现为教学有效果、有效益和有效率。众所周知，网络强大的数据处理功能使之具有处理数据迅速、数据交换所耗费成本较低、交换数据可以不受时空限制、交换数据量庞大、受益人群广泛等优势。

随着网络技术的飞速发展，新媒体包括手机短信和多媒体信息的互动平台、大型电脑数据库通信系统、多媒体技术及利用数字技术播放的广播网等如雨后春笋、应运而生。教师可以运用网络快速获取大量的目标信息，为备课提供充足丰富的资料，这些教学资源的获得只需要一台可以上网的电脑就可以完成，学习者可以免费在线学习，也可以将学习资源下载离线学习，不受时间和地点的限制，使学习更加方便和个性。网络促使高校的大学英语课堂教学形式多元化，丰富课堂教学内容、帮助教师有效监控教学质量，极大地提升大学英语课堂教学效果，提高教学效率和教学品质。

（二）网络环境下英语教师角色及作用的变化

我国在全面展开多媒体教学前，英语教师在教学中扮演的是传授者、教练员和评定员的角色。在课堂上，教师拥有绝对的主导地位，给学生传授知识。在学习中，"听、说、读、写、译"五项基本技能始终贯穿于整节英语课堂，此时教师扮演了教练员的角色，时刻观察学生的表现，给予修改意见。课程完结之前，学生会参加各种形式的考核以检验学习效果，教师又自动切换到给学生学业成绩的评定的模式。

目前，英语教师要做到一专多能，要扎实地掌握理论知识、英语文化知识；要了解西方国家的历史、文化；要熟悉他们生活中常用的习语、谚语等；还要熟练运用多媒体与网络应用技术的能力，以满足当下教学中数字化、智能化、网络化的要求。在新的教学辅助设备环境下，教师要化身为智者，去组织、引导学生利用丰富的网络资源补充课外学习，帮助学生理解重难点，全面提高学生的翻译技能。

（三）网络环境下大学英语翻译"零课时"教学策略

为了有效提高学生的翻译能力，笔者认为可以从以下几个策略出发：

1.组织保障，建立翻译"零课时"教学团队。在网络环境中进行翻译"零课时"教学，教师不能只公布答案，而是要做好很多工作，如确立分层次的翻译教学目标，规划和整合海量的教学资源及监督和指导学生的学习过程。这些工作不仅量大而且非常繁杂，依靠某一位教师独立完成是不可能的。因此需要建立一个有耐心并且能吃苦的团队，团队成员需有丰富的翻译教学经验，他们易接受新的教学理念、能熟练掌握运用新的媒体技术。

2.加强引导，教师团队编撰翻译书目。学生在自主学习时容易盲目选择学习内容，为了避免这一现象，教师团队有必要结合《大学英语课程教学要求（试行）》中对翻译各阶段的具体要求和本校学生人才培养方案的实施意见，编写切实符合本校学生需求的课程指导书，内容应囊括翻译的基本理论和技能。学生在指导用书的帮助下，明确在学习过程中各阶段的目标及学习任务，确定考核内容。

3. 强化课后指导，积极发挥网络技术优势。在网络技术高度发达的今天，教师应积极发挥网络技术优势，强化对学生学习的课后指导。教师团队可以利用网络自主学习平台、实时交流社交软件或应用等新媒体手段将最新的翻译学习资源链接群发给学生，提供贴近生活的翻译语料，激发学生学习热情。此外，学生在完成每周的翻译任务后，就遇到的问题给教师留言，教师及时解答，帮助学生解决自主学习中遇到的诸多问题，师生交流得以实现，也帮助教师系统掌握学生自主学习状况。

4. 评价激励，激发学生自主学习的积极性。在大学英语课程教学中，教师都将翻译教学穿插在教学环节中，这为学生在网络翻译"零课时"环节获得更多的翻译理论知识、掌握更多的翻译技能打下了基础。"零课时"能激发学生自主学习的积极性，学生可以随时随地到网络自主学习平台上，自主选择相对等的翻译内容进行学习，在线教师及时指点，给予鼓励性评价，这能大大提高学生的学习热情，进而有兴趣继续获取教师提供的学习方法、翻译理论、翻译材料等，实现高效自主学习。

5. 学习进程归档，创设翻译水平评估和档案袋评价体系。为了配合做好监督和促进学生自主学习过程及效果的工作，教师团队要对学生的作业进行抽查、批改，并做记录，形成完整的教学检查链。在"零课时"中也要根据要求设立阶段小测，针对学生的考试情况，判断下一步需要解决的个性和共性的问题。认真对待学生的留言，建立及完善学生翻译档案袋评估系统。依靠该体系，学生可以对自己的翻译水平有更加直观的认识。

建构主义理论强调学生是意义的主动建构者，不能由其他人来代替。通过在线网络学习平台、自主学习平台及各类多媒体英语学习库等，调动学生的学习积极性和自主性，学生依靠教师的专业指导，通过自主学习系统地完成相关翻译任务，使学生能够将被动学习变成主动学习。

网络环境下的大学英语翻译"零课时"教学，不仅能进一步提高学生的自主学习能力，而且还能帮助学生实现用语言作为交流工具，培养更多的翻译实用型人才。

第三节 大学英语翻译教学中的CAI应用及其保障机制

目前，翻译教学在各高校的大学英语课程教学中的分量越来越重。翻译教学不再只是一种大学英语教学的手段，翻译能力的培养已经悄然登上大学英语课程教学目标的榜单。然而，毕竟大学英语课程教学目标众多，学时有限，翻译师资捉襟见肘，在现行的教学模式下，翻译教学效果难有明显提升。所幸我们处在教学资源异常丰富的大数据时代，计算机辅助教学（Computer Aided Instruction，CAI）技术也日趋成熟，完全可以充分利用现有的网络和新媒体技术，在相关行业、学校管理层、一线教师和广大学生的共同努力下，构建全新、多维和立体的翻译教学模式，开辟大学英语翻译教学的新局面。

一、大学英语翻译教学的 CAI 资源应用

CAI 是在计算机辅助下以"对话"形式进行的各种教学活动。大学英语翻译教学中运用 CAI 可以使许多抽象概念和复杂的逻辑关系变得生动和直观形象，在教学中事半功倍。

大学英语翻译教学的 CAI 模式包括多媒体组件、互联网教学平台、计算机辅助翻译教学（以下简称 CAT）和实时通信工具等辅助教学手段。教师可在多媒体教室示范讲解翻译理论、翻译策略和跨文化交际等课程内容，运用交互式翻译教学平台、CAT 等手段开展任务型翻译教学，再通过 QQ 和微信群等通信工具进行"协作"和互动交流，开展翻译讨论，分享翻译心得和交流学习难点。四种辅助教学手段相辅相成、相得益彰。

（一）多媒体教学平台

语言本身是一种承载着丰厚内涵的特殊文化形式，翻译能力的提升费时费力。大学英语翻译教学往往受到专业、课时、空间等因素的限制，但通过多媒体教学平台可一定程度上解决这些问题。该平台可在局域网、校园网或卫星网上运行，支持文字形式、音视频资源、电子白板和互动的广播教学，学生可以共享教师端程序，同步浏览课件和教学现场的视频和音频，以文字交流或举手提问的形式实现教学互动。通过该教学平台，学生可使用翻译资源数据库，通过课堂教学和自主学习的方式初步了解翻译理论和技巧，在教师的引导下运用具体的翻译方法去解决各类翻译问题，体验不同类型的翻译进程，参与部分简单的翻译项目，从而逐步提高翻译能力。该平台在系统运行方面，操作简单易学，无须专业人员维护。另外，翻译教学还可利用高度仿真的虚拟教室，实现实时交互与录制点播相结合，即播即录，即录即播，如 Saba meeting 系统、Gensee 虚拟教室系统和雅信、传神等翻译软件，支持自主式、引领式、讨论式的翻译培训。

(二)互联网教学平台

近年来,互联网技术发展迅速,师生使用非常便捷。互联网教学平台集教学资源、课程组织、自主学习、交流讨论、学习评价于一体,从根本上解决了长期制约大学英语翻译教学推进当中资源不足、学时不够、师资欠缺和空间受限等问题,是一个比较完整高效的交互式平台。如学生可充分利用中国知网、百度百科、维基百科、专业资源库、在线词典等网络资源开展在线学习,浏览翻译教学课件,自学翻译课程,通过网上提问、在线翻译、交流讨论等形式熟悉翻译理论和技巧;教师可以开展在线翻译教学,如发布翻译课程信息、布置翻译作业、安排翻译任务、为学生答疑解惑、组织专题讨论,并就学生的翻译进行测试和评价。

(三)计算机辅助翻译工具

CAT是指利用计算机来执行大学英语翻译教学功能,构建多途径、交互式的教学环境,既保证教学质量和效果,又能培养学生的学习兴趣和能力。计算机辅助翻译教学,是从机器翻译发展而来,类似于CAD,是指在人工翻译过程中辅助使用计算机程序的自动翻译功能,由计算机程序自动匹配后直接从翻译记忆库中获取出来,它的核心是翻译记忆,可帮助翻译者优质、高效、轻松地完成翻译工作。

现在的CAT涉及领域广泛、技术成熟、产出经济,有着无可比拟的优越性。SDL Trados、雅信、华建、Transnet、Word fast等主流CAT软件涵盖科技、医学、法律、商务、金融和时事等专业领域。它们不再是翻译教材内容的直接复制,也不是在简单的电子词典查询或者在线百度翻译,而是利用计算机为学习个体在课堂内外提供真实的交流环境,使学习者学以致用。译文的准确性、术语的一致性和译文产出的经济性均有质的飞跃,翻译效率也有了大幅度的提高。[a]

学生利用计算机辅助翻译软件学习翻译,可以迅速熟悉不同专业领域的词汇,掌握翻译的方法和技巧,快速提升翻译能力。

(四)新媒体资源

新媒体的广泛运用,为大学英语教学活动的开展提供了新的思路和方法。它的出现改变了大学英语翻译教学容易方式单一、沉闷枯燥的局面。

借助新媒体,老师和学生可以随时随地就翻译学习进行交流和讨论,教师还可根据学生的个体情况,提出针对性的指导意见,从而大幅提高教学质量和效果。例如,

---

[a] 廖七一. 当代英国翻译理论[M]. 武汉:湖北教育出版社,2001.

微信通讯平台上建立了很多英语学习的公共账号，学生完全可以不受时间、空间和地点的限制，参加教学名师的微信课堂，学习翻译理论，练习翻译实践。教师也可利用APP自己开设账号，实时推送相关教学信息，跟踪学生的学习状况，并及时指导和反馈。也可采用"示范和练习"法，先做示范翻译，再要求学生在APP翻译平台上进行大量翻译实践，赢取积分，获得下一步学习的机会。

二、大学英语翻译教学的CAI保障机制

大学英语传统教学模式根深蒂固，翻译教学中存在的问题也日渐显著。因此想要顺利构建和运行基于计算机辅助的大学英语翻译教学模式，需要建立由相关行业、学校管理层、一线教师和广大学生积极参与的切实可行的保障机制。

（一）相关行业提供技术支持

首先，相关行业的研发机构和公司要根据大学英语翻译教学的需要，立足于非英语专业学生的需要，开发方便、实用、高效的CAI软件和硬件资源。现有CAI资源的利用也离不开相关行业提供技术培训和维护服务。

（二）管理层做好顶层设计和资源建设

高等院校管理人员在设置大学英语课程和开展大学英语课程评价时，在理念上必须与时代和社会保持一致，为计算机辅助下的翻译教学预留空间。各高校可在普适性的大学英语课程框架内设置大学英语自主学习模块，自主学习课程可以设定为必修环节，无须占用大学英语有限的学分，CAI环境下的翻译学习可以名正言顺地包含其中。

高校管理层还应该积极争取资金，增加软硬件投入，为翻译教学创设CAI条件。例如，现在的CAT系统技术比较成熟，包含口笔译实训系统、整合翻译项目管理、CAT、翻译素材的实训系统、内置有翻译素材、可完成自动术语提取、双语对齐、记忆库术语库生成等功能，可在课上课下使用，可同时用于教学与实际项目翻译。

在师资队伍建设方面，学校应予以政策倾斜，加大经费投入，选派有潜力的老师到相关高校或企业访学、进修或培训CAI\CAT相关技术。

（三）一线教师主动参与

新形势下的大学英语翻译教学对英语教师提出了严峻的挑战，翻译教学的手段和内容必须进行相应的调整，这都要求一线教师主动参与，钻研苦学。毕竟，利用计算

机开展辅助翻译教学对绝大多数英语教师来说是一个未知且不太熟悉的领域。加上翻译涉及不同语言之间的转换，教师不仅必须具备良好的双语能力，还应有良好的计算机素养和翻译软件知识。

以 CAT 环境下的翻译教学为例，教师需了解机器翻译和 CAT 的历史、原理、本地化等，同时还得熟悉各种 CAT 软件，并能熟练操作和演示。教师还得会通过翻译记忆和建立合适的语料库，选取新颖、实用、富有针对性和实效性的翻译材料，设计一些模拟翻译项目，组织学生参与，引导学生互动交流，探讨和点评译作。

显然，在 CAI 环境下的大学英语翻译教学模式中，教师扮演着多元的角色，是引导者、指导者、咨询者和参与者，他们必须主动参与，充分发挥其主导作用，否则该模式的翻译教学得不到保障。

（四）学生主体的密切配合

广大学生是整个大学英语课程教学的对象，是学习的主体，他们参与的热情和配合的程度将直接影响 CAI 环境下大学英语翻译教学的效果。当代大学生应主动了解基本的计算机知识，乐于学习，能熟练运用各种软件进行翻译学习和完成翻译任务，掌握过硬的翻译技术，习得较强的翻译能力，获取差异化的竞争优势。同时，为提高翻译水平和英语能力，他们还应该加强英汉双语能力的培养，积极主动地完成和参与大学英语教师设计与安排的各种 CAI 翻译任务或活动。

综上所述，将 CAI 与翻译教学有机结合起来，使之服务于大学英语翻译教学，已经成为大学英语教学的一个新方向。学者顾清红和祝智庭曾指出，CAI 教学以现代信息技术为基础，将计算机文字处理、电子词典和翻译软件等与翻译教学相关的 CAT 新技术、新成果用于翻译教学，是高校信息化教学的趋势。虽然我们并不提倡每堂大学英语翻译教学课堂都使用 CAI，但 CAI 有效地解决了大学英语翻译教学模式单一、学时受限、资源短缺和效率低下等问题，其重要性是不言而喻的。[a]

第四节 多媒体环境下高校英语翻译专业语法课程建设

词汇和语法是英语的两大支柱，词汇是英语的基础，而语法则是英语的灵魂。语法对翻译专业的师生来说，其重要性自然不言而喻。如今，随着计算机网络在当今信

---

[a] 陈坤林，何强. 中西文化比较 [M]. 北京：国防工业出版社，2012.

息化时代的广泛应用，多媒体与教学的结合已然成为高校提高教育水平的必然趋势，而网络环境下的英语语法教学自然成为提高翻译专业提高课程质量的必然选择。这一全新的教学模式既可以克服传统教学模式的诸多弊端，还可以发挥其自身优势，丰富教学资源，改善教学环境，优化教学效果，并且能够加强老师与学生之间的联系，充分调动学生的主观能动性，培养学生的自主学习和独立思考等能力。

一、翻译专业英语语法学习的重要性

（一）翻译必须准确地把握语言

《朗文语言教学应用语言学词典》中对"语法"的解释是："语法是语言结构及词和词组等语言单位组成语言句子的方式的描述。"由此可见，语法不但是语言的重要组成部分，而且是组织语言的基本规范，更是语言行文成篇的"游戏规则"。在中国，作为专业的英语学习者，在缺乏良好的英语语言环境的情况下，我们需要通过一套既定的标准和规则来帮助我们判断怎样的语言表达才是正确合理的，而语法就是我们衡量的重要手段之一。英语翻译专业与其他方向的英语专业相比，如英语语言文学、英语语言学及应用语言学等有所不同，翻译专业的重点在于语言的实际应用，即表达与交际，自然对于学生的语言运用能力方面有更高的要求。在翻译的过程中，如英译汉，我们只有在正确理解原文的前提下才能进行翻译，这就要求借助一定的语法知识，梳理原文的整体构造，分析其中的逻辑关系，进行合理的切分，最后才能够形成流畅的译文。而在汉译英的过程中，如若译文中出现语法错误这一低级错误，无疑会大大降低译文的质量，从而给目的语读者造成理解和阅读的障碍。所以，对翻译专业的师生来说，无论是从教学的角度还是从研习的角度，对于语法的深入探究都在学习过程中发挥着不可忽视的作用。

（二）语法课程是高等教育的基础课程

语法课程同听力、阅读、口语、写作、基础英语等课程一样，一直以来都是全国各高校翻译专业设置的基础学科之一，也是翻译专业在基础阶段开展教学的重点领域。据统计，我国90%以上的高校翻译专业会选择在大一、大二的基础学习阶段安排一年或者两年的语法课程。刚走进大学校园的大一新生，刚刚经历了高三一年的"题海"式英语语法学习，对于语法的基础知识掌握比较清晰，所以选择在这个时候"趁热打铁"，强化并深入语法学习，其目的就是为了能够加强学生的语法功底，提高学生的语言表达的准确性，培养其判断表达正误的敏感度，并且为高级阶段的翻译专业课学习打下良好的基础。

对翻译专业的学生来说，语法这一基本功的灵活运用更显得尤为关键。英语学习中的五大技能——听、说、读、写、译，其中听、说、读、写是译的前提和基础，译则是英语实际应用的"最高境界"。语法始终"潜移默化"地影响着听、说、读、写的质量，并且与它们始终紧密相连。语法不过关，"译"更是成为"天方夜谭"。对翻译专业的初学者来说，他们大都是从高中毕业直接进入大学，从来没有深入地学习过英语，最多只能是爱好英语的学习者，由于没有经过专业的训练，因此对于语法的掌握不够系统全面，理解得也是一知半解。由此可见，无论是口译专业还是笔译专业的学生，语法方面的刻苦钻研，一定是他们在未来职业翻译的必经之路。

二、传统语法教学存在的弊端

（一）传统语法教学模式单一

相比其他学科，语法长期以来都是被学生认为是"最乏味"的课程之一，语法课堂上往往是一片"死气沉沉"，究其根本原因，是因为传统的语法教学模式以教师为主、学生为辅。在课堂中，教师会扮演"主角"，学生则是"配角"。老师一般采取"照本宣科"的方法，在板书中罗列出各项语法法则，却不加以实例进行解释说明。由于受到教学课时的限制，部分教师会选择占用大部分的课堂时间对语法法则进行分析和讲解，却忽视了语法的实际应用与巩固练习，无法激发学生的学习兴趣，导致教学效率低下，课堂教学效果不佳。在缺乏学习动力的前提下，学生只是被动地接受知识，自然不会对课上学到的那些"条条框框"进行反思和思考，也不会自觉地在课后进行相应的系统练习，无法真正地将理论与实践相结合，在具体的语言环境中领悟到英语的语法规律。这使得大学生的语法学习逐渐演变成了一个"走马观花"的过程，语法对学生来说也只是"印象"，而并没有形成一个完整的知识体系。

（二）师生之间缺乏教学交流

"师者，所以传道授业解惑也"。在传统的教学模式中，课堂形式大都以教师为中心，而不是以学生为中心的纯单向传授教育模式，所以一般来说，教师决定所有的教学内容、教学方法和课后作业等。大学与中学不同，中学教师可以通过阶段性的测试来掌握学生对知识的掌握情况，从而有针对性地进行及时调整。但是，大学教师往往不能做到对每一个学生的学习情况和学习能力进行实时跟踪，而大学生对于老师的教学指导也大都是采取亦步亦趋的态度，更不愿主动直接表达自己的想法和建议，这就造成了老师"教"与学生"学"之间的"断层"。教师所选定的教学材料的难易程度无法保证能够与学生的实际水平相吻合,教学方法也很难做到因材施教。所以,这种"老师只管讲,学生只管听"的接近"零互动"的上课方式,是不利于学生的语法学习的。

  此外,传统的教学方式在学生课后学习反馈方面,更加凸显了其师生之间缺乏教学交流的弊端。传统的教学通常是以面对面的方式进行教学,口耳相传,大部分学生在课堂上尚不能做到积极配合,反馈学习成果,课后的反馈自然是少之又少。另外,在没有多媒体网络的无线远程的便利条件下,教师对于学生作业的检查、批改及整理等,都不能在第一时间反馈给每一位学生。这种时间差长期存在,势必会导致教学效果不佳,因此也会在不同程度上,影响甚至减少学生的知识摄入量。然而,语法知识的学习恰恰是一个量的积累到质的飞跃的过程,所以仅仅依靠课堂上的语法知识讲解是远远不够的,课后巩固训练也是语法教学的重要组成部分。学生需要通过不断的练习,熟练掌握语法知识,在错误中不断反思,逐渐通过语法知识掌握语言结构,才能够为翻译打下坚实的基础。教师需要从学生的错误中,不断调整自己的教学计划及教学方向,从而找到最有利于学生学习语法的教学方法。所以传统的教学方式已无法满足当今语法课程的预期教学目标。

三、网络环境下语法教学的优势

  如今,网络发展的迅猛之势,已经影响着我们生活的方方面面,那么教育也要与时俱进。网络多媒体教学势必会影响到未来教育的发展方向。网络教学与传统教学模式相比,有着独一无二的优势,可以弥补传统教学的一些缺陷,从而可以提高教学效率,取得更多的教育成果。

(一)丰富教学资源和教学内容

  语法是一种语言如何构成的语言规律,虽然有理可循,但并不是一成不变的,它同样也会随着语言的不断发展而不断改进。在多媒体时代之前,我们语法教学内容多数来源于书本,而书本上知识的更新换代的速度与网络是无法比拟的,这使得学生的学习内容变得十分有限,学生也容易受到一家之言的束缚甚至误导,无法做到与时俱进,那么这样就会失去学习语法的意义。网络资源取之不尽、用之不竭,网络资源的广泛性和时效性恰恰可以解决这一问题,它可以帮助学生获得大量的来自国内外的教学资源,让学生了解到更加全面的语法知识,这样学生可以通过自学的方式填补很多教学空白。同样,教师的授课也可以不拘泥于课本,通过网络可以查阅或下载更多适合学生的相关语法资料，以此丰富其教学内容，积累更多的教学资源，提升自身的教学水平。与此同时，教师可以通过网络资源不断地充实自己的语法专业知识，不断更新自己的知识储备，这样才能够更好地指导学生的语法学习，推动高等教育实现良性发展。

（二）增强教师与学生之间的互动性

语法课程从本质上来说是一门技能训练和实践课，熟能生巧一定是提高语法能力的"必经之路"。它要求学生进行大量的语法技能强化训练，才能达到加强语法知识的效果。在传统教学模式下，学生认为语法的"条条框框"甚是乏味无趣，对语法的反复练习更是有抵触情绪，这无疑对于学生的语法学习是十分不利的。因此，教师应借助多媒体和网络为支撑的教学平台，综合运用各种多媒体软件，将原本刻板僵化的语法规则转化为符合教学内容的图片、幻灯片、动画或视频等形式，使用一种更加生动立体的形式授课，拉近与学生之间的距离，提高学生的学习兴趣，增加课堂的互动，调动学生的积极性，从而提高课堂教学效率。

多媒体网络教学打破了传统的英语课堂教学模式的时空界限，构建了一个无限开放的教学空间，不仅改变了授课方式而且实现了远程教学。网络的广泛使用已经将教学搬出了课堂，使教学不再受限于"面对面"的教学方式，教师完全可以通过"邮件、微信、校园网络平台"等网络方式随时了解学生的学习情况，对学生的课后作业及时批改反馈，而学生也可以通过网络及时向老师请教或者提出建议。可见，网络教学的引入大大提高了教学效率。[a]

（三）培养学生的自主学习与独立思考的能力

自主学习强调的是学生要自主、自愿、自动的学习，是无论从心理上还是行为上都能表现出十分重视学习的状态，学生完全是自发地去研习知识，它与传统教学中学生被动地接受知识有着本质的差异。网络环境下的语法自主学习，就是在运用网络优势的情况下，利用网络资源，了解和掌握更多的语法理论知识，通过最新的练习来巩固自己学习成果，最终形成自己完整的语法体系。雄厚的网络资源对自主学习来说，可谓是"如虎添翼"，网络资源可以提供给学生更多在课堂上学不到的知识。

多媒体网络教学有助于学生的个性化学习，培养学生的自主学习能力。网络使学生不再受课堂教学时间和空间的束缚，可在任何地点、任何时间借助网络教学视频、网络资源、课件等进行自主学习。学习的时间可长可短，由自己灵活掌握；学生还可

---

[a] 兰萍.英汉文化互译教程[M].北京：中国人民大学出版社，2010.

根据自身的能力水平和实际情况自主选择不同级别和层次的语法学习资料,学生自己哪个语法点知识把控得比较薄弱,在学习时可有所侧重,查缺补漏,进行重点练习,从而使自己的语法知识更加完善。在多媒体辅助大学高等教育的过程中,应鼓励学生充分发挥自身的主观能动性,激发自身的学习动机和学习兴趣。

另外,多媒体网络教学也有助于培养学生独立思考的能力。网络虽然有资源优势,但也存在弊端。网络资源可谓一应俱全,但纷繁复杂。在这一过程中,虽然弱化了教师的作用,学生可以最大限度地发挥自己的主观能动性,但是在庞杂的网络资源中,学生需自行挑选并且辨别出适合自己的学习资料。这一甄别信息资源的过程,对学生的语法学习来说也至关重要。当学生在遇到问题时,可以借助查找网上的资料来解决,但在这一过程中,学生需要学会分辨网上资源的可靠性,需经过仔细对比研究之后,做出判断找到正确答案。因此,网络教学也为学生提供了培养自己独立思考能力的机会。这一能力的培养,不仅有助于学生的语法学习,而且在日后的学习和工作中,会让学生从中受益。

语法教学一直都是翻译专业教学计划的重中之重。传统的语法教学重视语法的学习,忽视语法能力的培养,这是导致学生语法能力不足的重要原因。网络和多媒体为高校翻译专业语法课程注入了新的活力,同时实现了传统教学质的突破,给语法教学的改革和发展带来了新的机遇。网络环境下的语法教学,充分发挥网络和多媒体的优势,创建更加立体形象的语言环境,鼓励学生自主学习,同时加强师生互动,这都有助于学生更好地掌握语法知识。但是网络环境下的语法教学仍然处于初步发展阶段,虽然它为我们学生提供了许多课堂教学无法给予的便利条件,但是它也存在着一些弊端和缺点,需要我们不断地改进和完善。

第五节 多媒体网络平台下英语本科翻译教学

随着对传统翻译教学弊端的反思,关于翻译教学模式的探讨也越来越深入。翻译界提出了以建构主义学习理论为指导的交互式翻译教学模式。这种理论强调个体从自身经验出发对客观事物进行主观理解和意义构建,倡导教师指导下的以学习者为中心的学习。换言之,强调学习者的主动建构,反对知识的被动接受。翻译过程是学习者以自己的已有经验为基础构建知识的过程。在这个过程中教师起指导作用,而传统的翻译教学模式违背了这一目标。因此,目前国内各高校翻译教学,尤其是独立学院的翻译教学迫切需要一种有效的教学模式来指导英语专业本科翻译教学。

一、英语本科翻译教学及相关研究

传统的英语本科翻译教学主要以教室为教学场所，教师主要是通过"黑板+粉笔"的方法授课。然而，翻译课的内容多，信息量大，上述方法并不能有效地传递信息。21世纪是电脑时代、网络时代，在这种网络快速发展的大背景下，多媒体网络教学应运而生。相关研究表明，多媒体网络辅助教学能有效改进语言教学方法和教学效果。网络在翻译教学和学习中的作用举足轻重、不容忽视。

国外在这方面的研究比国内起步早。1980年阿哈马德（Ahamad）、科尔伯（Corber）、罗杰斯和苏塞克斯（Rogers & Sussex）等就发表过探讨计算机与语言教学关系的文章。美国的S.隆巴多和T.巴特森在这一时期开始尝试交互电子网络在写作课上的应用。T.巴特森认为教师不应该成为学生注意力的焦点，教师站在讲台上未必会使学生学到多少东西。他们尝试了一种电子网络教学，使得师生间和学生间的交流可以通过局域网来实现。此次多媒体网络在写作中的应用是一次大胆的尝试，也为探索翻译教学新模式提供了可借鉴的经验。多媒体网络辅助的翻译教学模式与传统教学模式相比，有更多的优势。多媒体网络教学模式将翻译教学的场所从单一的传统课堂转变为网络虚拟课堂和现实课堂相结合的课堂，有利于克服教学学时有限及学生课堂讨论有限的缺点，特别是教师能够以参与者和监督者的双重身份介入学生的学习过程，克服传统翻译教学中仅仅以教师为中心的缺点。哈默（Hammer）指出了计算机辅助教学的作用：设计语言教学活动的素材；作为参考工具供学习者查阅；学生可以运用网络通过电子邮件、论坛与其他学习者交流。马克·沃肖尔（Mark Warschauer）认为计算机辅助教学的发展经历了三个阶段：第一阶段为结构主义计算机辅助语言教学，主要强调语言技能的重复，计算机乐此不疲地为语言学习者及时提供信息反馈。第二阶段为交际式计算机辅助语言教学，交际式计算机辅助语言教学时代是一个发展的时代，也是一个转折点。它帮助学习者接触真实、多彩的交流环境。在这个阶段，语言、学习和语言学习的理论主要集中在认知的角度。第三阶段为综合性计算机辅助语言教学，计算机和网络使学习者接触听、说、读、写、译的各种材料。电脑在语言的教授过程中运用了多样的模式，如音频、视频、真实的图片，来辅助学习过程，这样使语言的学习变得生动有趣。20世纪90年代以来，局域网和互联网开始对语言教学的各方面产生重要影响，一系列研究随之展开，如聊天室或论坛里同步进行的教学活动或互联网社会情境下通过电子邮件进行的非同步互动。这些研究在将计算机技术应用到语言教学方面发挥着重要的作用。

在国内，计算机辅助语言教学也取得了可喜的成就。从理论上来讲，建构主义学习理论是发展网络化多媒体英语教学的理论基石。建构主义学习理论强调以学习者为中心的主动学习。研究表明，该理论对教师和研究人员设计多媒体网络英语教学模式有很强的指导作用。近年来，很多老师致力于将信息技术和英语教学结合起来。倪传斌和刘治将基于语料库的数据驱动技术引入到科技翻译教学中。他们指出"语料库数据驱动技术对科技翻译的教学产生了深远的影响"。一方面可以改变教师的翻译教学观，提高科技翻译教学的针对性和有效性；另一方面学生可以迅速掌握目的译语中语言项目运用的整体概貌，为学生选择译语表达手段提供量化等级概念，为学生提供真实的语料。陈祯指出，网络环境下的翻译教学应以多媒体和网络技术为平台，有效地利用网络技术呈现教学信息、组织教学，便于提供个性化指导和翻译的真实环境，避免网络在语言教学中的不利因素。杜鹃和孙晓朝指出，翻译教学课程 BBS 在学习者的自我效能信念、有关翻译学习的信念和自主学习信念三个方面都起到了积极作用。同年，刘泽权和刘鼎甲发表《多媒体计算机技术与语料库方法运用于翻译教学改革的尝试》，指出多媒体和语料库整合之后的翻译教学，不但可以使学生认识到自己的水平，汲取经验，扩大知识面，丰富语言表达，而且使翻译课程内容富于时代性、趣味性和真实性。

上述研究表明了将多媒体网络技术应到翻译教学中的重要性和必要性。然而，这些研究都是针对普通高校中的英语本科翻译教学或翻译专业的教学，对独立学院翻译教学的研究几乎是空白。为了解决这一问题，本研究将关注多媒体网络技术在独立学院翻译教学中的实际情况，发现问题并解决问题，从而改善翻译教学效果。[a]

二、多媒体网络平台下英语本科翻译教学模式建构

建构主义学习理论是认知理论的一种。最早由瑞士儿童心理学家皮亚杰提出。经过研究，他认为儿童自身知识的习得是儿童在与周围社会环境相互作用的过程中逐步建构的。在皮亚杰理论的基础上，维果茨基进行了更深入的研究。维果茨基进一步强调社会文化环境对个体认知发展的影响。他认为社会语言和社会交际对高级认知的发展产生重要作用。他认为学习并不是简单地由外向内灌输信息，而是学习者新旧知识的交互过程，也就是学习者和学习环境之间的交互。现代建构主义学习理论正是由维果茨基认知理论发展而来的。现代建构主义学习理论认为学习环境包含四大要素："情境""协作""会话"和"意义建构"。"情境"指学习环境中的情境必须有利于学习者对所学内容的意义建构。这对英语专业本科翻译教学设计提出了新的要求，也就

---

[a] 马会娟. 汉英文化比较与翻译 [M]. 北京：中国对外翻译出版有限公司，2014.

是说，在建构主义学习环境下，翻译教学不仅要考虑教学目标，还要考虑有利于学习者建构意义的情境的创设问题，并把情境创设看作是教学设计的最重要内容之一。"协作"发生在学习过程的始终。协作对学习资料的搜集与分析、假设的提出与验证、学习成果的评价直至意义的最终建构均有重要作用。"会话"是协作过程中必不可少的环节。学习小组成员之间必须通过会话商讨如何完成规定的学习任务；此外，协作学习过程也是会话过程，在此过程中，每个学习者的思维成果为整个学习群体所共享，因此会话是达到意义建构的重要手段之一。"意义建构"是整个学习过程的最终目标。所要建构的意义是指事物的性质、规律及事物之间的内在联系。在学习过程中帮助学生建构意义就是要帮助学生对当前学习内容所反映的事物的性质、规律及该事物与其他事物之间的内在联系达到较深刻的理解。基于此理论，笔者认为多媒体网络平台下英语专业本科翻译教学的建构必须做到以下几点：

1. 转变翻译教学理念，由以教师为中心的翻译教学模式转变为以学生为中心的交互式翻译教学模式。传统翻译教学以"翻译是两种语言之间的转换"为理论指导，而以学习者为中心的交互式教学模式是基于建构主义学习理论之上的。传统翻译教学模式下，教师首先向学生讲授一些具体的翻译技巧和翻译方法，然后布置大量的翻译练习，对学生的译文进行点评讲解，最后给出标准译文。整个教学过程具有单向性，教师一个人唱独角戏，而学生并不知道翻译到底是什么，只知道自己出现了很多表达错误，备受打击，从而对翻译失去学习兴趣。以学生为中心的交互式翻译教学模式强调学习者获取知识的过程是其与外部环境交互作用的结果；不是被动接受的过程，而是在社会情境中通过协作、讨论、交流互动主动构建而成。多媒体网络为实现建构主义的交互学习环境提供了理想的平台。

2. 教学场所由单一的传统课堂转为现实教室与网络虚拟课堂相结合的课堂。在传统课堂中，由于课时有限，无论是学生之间的互动还是师生之间的互动都受到很多的限制。基于多媒体网络的课堂可以借助互联网利用论坛、聊天室或电子邮件实现最大化的互动、资料搜集和分析。在这一过程中，教师可以以参与者和监督者的双重身份介入学生的学习过程。

3. 由传统的多媒体教室改为网络多媒体教室。很多人将计算机辅助教学等同于借助于多媒体网络的教学。其实，这两者之间存在很大差别。传统的多媒体教室里，计算机不联网，每台电脑都是独立的个体，彼此之间不存在任何联系，很难通过计算机提供互动的情境，而网络多媒体教室可以充分发挥局域网的作用，充分利用网络论坛、qq群、微博等进行临时讨论分析，可以实现学生之间及师生之间最大限度的互动。

在建构主义学习理论基础上提出的借助多媒体网络平台的英语专业本科翻译教学

改革突破了传统翻译教学的局限。它力求为师生创造一种最有利的教学情境,突出学生的主体作用,最大限度激发学生的学习积极性,培养学生的学习兴趣和自信心,强调教学之间的互动,力求达到最佳教学效果。

第六节 基于语料库和多媒体计算机技术的中医翻译

为了促进中医药翻译研究的不断深入以适应中医药对外交流的需要,培养具备中医基础且英语基础颇厚的人才变得日益紧迫,因此,中医英译翻译教学问题凸显,需要进一步地研究讨论。

一、多媒体计算机辅助中医英译教学的理论依据

计算机技术飞速发展和多媒体信息系统的逐步完善,使得越来越多的高校将计算机引入课堂教学,作为计算机辅助教学的一种,综合多媒体计算机图像、文本、声音、影像、网络、虚拟化等技术的多媒体计算机辅助教学(MCAI)极大地丰富了计算机辅助教学的功能并增加趣味性。本节研究的主要对象是多媒体辅助翻译教学,即MCAI,其中包括基于语料库的翻译教学。

多媒体计算机辅助教学是以建构主义学习理论为依据的。建构主义学习理论认为,语言学习是一个基于学习者个人的经验、信仰、心理和观点之上的自我探索、知识建构和意义协作的过程,知识或认识是由人人建构的介于主观和客观之间的东西,只能存在于学习者的头脑中,它主张学习是一个高级思维、解决问题的过程。由于多媒体网络教学系统所提供的学习环境与建构主义理论所主张的学习环境一致,因此可以为多媒体教学提供较好的理论基础。[a]

建构主义的学习理论支持即知识的掌握是一个过程,学习者在面对复杂问题或任务时,自己去发现、解决问题或完成任务所需要的基本知识和技能。建构主义特别强调合作学习的重要性,而学生在建构知识的过程中,特别是一些关键时刻尤其需要教师的帮助和指引。以过程为取向的翻译过程符合建构主义理论的要求,如教师在给学生布置翻译作业或任务的时候,注重引导学生关注翻译过程,帮助学生认识在解决翻译困难的过程中可以使用哪些手段和方法且有助于中医英译课程的设计。[b]

---

[a] 邵志洪. 英汉对比翻译导论 [M]. 上海:华东理工大学出版社,2010.
[b] 宿荣江. 文化与翻译 [M]. 北京:中国社会出版社,2009.

二、基于多媒体及虚拟现实技术的课题研究模式

笔者不仅在课件制作过程中强调课前预习的重要性，提供有关此课基本内容的中医英语学习网站，充分利用网络资源，使学生有足够的语言氛围的"浸入"，并利用课前五分钟建议学生用多媒体展示的方式表达自己对此理论和英文翻译的了解，并按以下步骤来实施课堂教学：

（一）中医翻译课程的课堂讲评课件的制作

教师在网络资源的获取过程中应该起到过滤网的作用，认真筛选相关资料，将有价值的资源进行有机排列或者整合在教学过程中，充分运用多媒体"声、文、图"有机结合的特点，从课文导入开始，通过网络下载、网络学习平台等形式提供中医基础理论与课文翻译理论内容相关的背景知识或实物，例如阴阳理论、五脏六腑理论、五行理论，充分调动学生的多种感官系统，加强互动交流，创造真实感，激发学生兴趣，帮助学生尽快理解理论基础。

建构主义认为，知识的建构受时间、空间和环境的影响，学习过程以经历情景的形式为标志。学生在学习知识过程中总带有一定的情感，这种情感的投入与学习该学科知识过程中所获得的体验密切相关。积极的体验会使学生不断产生浓厚的兴趣和需要，对学习表现出极大的热情，并从中获得兴奋和快乐。这种热情和快乐又会转化成动力，激励他们更积极更勤奋地学习和探索，从而获得对新知识的体验。因此，翻译训练材料应侧重于专业性、实用性、时代性较强的文章，突出学生中医学科领域的特长。

（二）中医翻译课程的课堂讲评与基于网络的作业的收发

基于多媒体的翻译课堂讲评需要包含文本、声音、图像等信息形式。因此，如何将这些元素有机整合直接影响课堂教学的效果。针对中医翻译这门课程所采取的主要的翻译理论和翻译策略进行讲授；西尔维亚·贝尔纳迪尼（Silvia Bernadini）提倡语料库驱动的"发现学习法"。发现学习法鼓励学生依据从合适的语料库中找出的词条，解决教师提出的问题。发现学习法是以学生为中心的、开放式的教学方法，认为语言运用没有绝对的对错标准，而是鼓励学生尝试自主学习。但是，教师在引导学生发掘信息来源时，首先要向学生提供相应的网站和信息搜集方法，指导学生如何收集所需要的相关专业知识信息，然后在广泛收集信息的基础上学习如何处理和利用这些信息。专业知识信息处理模式旨在培养学生的创造力和创新意识及信息的处理能力。因此在本课和其他课程内容的教学中，无论是新的理论内容还是训练的文本内容，都是利用

多媒体形式图文并茂加以呈现的。

学生作业的讲评，利用多媒体，将全班的译文集中呈现在全体学生面前，结合课堂重点进行直观的对比分析，让学生在比较中互相学习共同进步；教师在整个课程中应该处于主导地位，辅助并使学生理解功能语言学的理论及其作为翻译评价工具的应用方式，从而达到教学多媒体材料与理论整合的目的。没有教师案例剖析，什么情况用什么合适的翻译策略如直译、意译或音译，用词素仿造法还是定义法，是不能达到学生掌握理论并将理论用于实践的教学目的的。

学生通过电子邮件提交课堂作业可以大大缩短作业的提交时间，形成的文件为电子文档，可以直接进行编辑和后期整理。虽然学生与老师交流互动的时间十分有限，但是可以利用先进的网络通信工具来进行课后的交流和答疑解惑。[a]

（三）基于学生作业与试卷的中医英译平行语料库的建立和检索

为了方便对学生作业及试卷进行分析，发现学生译本中普遍存在的问题，掌握学生的翻译行为习惯，检查教学效果，对学生作业进行整理、数字化和学习者语料库的建立和检索是非常必要的。通过一些手工预处理工具的整理，这些语料就可以直接被语料库工具检索。本课题有专门人员用 Wordsmith4.0 和 Antconc 工具对学生语料库检索的统计结果。通过对学生试卷的统计数据分析，在有限的时间里，哪些学生使用的词汇复杂程度高（平均词长的数值大小）、词汇量丰富（类符形符比的数值大小）、译文复杂程度高（句子数、句长标准差的数值大小）、译文风格前后差异大。通过这些参数，我们可以全面考量学生在实际翻译情形中的个人能力及知识水平的发挥程度，考查个人词汇量大小和翻译能力高低。

（四）学生作业的整理和课堂集中的讲评

利用屏幕呈现可以将尽可能多的语料显示在屏幕上，可以让学生更广泛地比较可供选择的翻译方法和结果，使他们知己知彼，互相学习，共同进步；利用屏幕元素中的色彩，既能突出重点，又能吸引学习者的注意力，使对比的要素醒目，方便授课。笔者在翻译教学研究中发现，对学生作业进行收集、整理和分析，建立中医英译汉英语料库，可以比较学生译本的差异及共性。宏观上可以发现译文的规律性表现。微观上，也可以将学生译文定位到语篇内部的用词、衔接等，找出学生译本中存在的不足。

通过学生在试卷中的表现更能通过对语料库的统计分析来发现学生翻译能力及水平的差异，从而及时调整教学策略，利用多媒体的课堂表现方式来提高学生思维能力；学生的翻译试题答案，利用 Windows 自带的 txt 记事本功能，将每一行作为一个答案

---

[a] 王恩科，李昕，奉霞．文化视角与翻译实践 [M]．北京：国防工业出版社，2007．

录入计算机，并将题号与答案内容用制表符隔开以便计算机读取。然后，将所有学生的试卷答案经过录入整理，按照学生的姓名拼音排序，组建成用于教学研究的小型语料库。在借鉴语料库语言学定性、定量相结合的研究方法基础上，学习者语料库研究已形成了基于语料、面向统计、以实证为核心的研究模式。该模式既可借助错误赋码语料库进行大规模的计算机辅助错误分析，又可利用不同学习者语料库之间的比较进行中介语对比分析（Contrastive Interlanguage Analysis），以定量的方式反映学习者对目的语某些形式和功能使用的状况，多维度地揭示中介语的完整特征。[a]

（五）教师监督

根据不同课程、不同学习者的不同要求，设计出不同的话题或课题，并制作课件，充分利用网络和先进的多媒体电化设备，给学生演示并讲解，并让学生就某些相关话题作课题报告。

教师要充分肯定课堂表现出色的学习小组及个人，并鼓励学生课后根据各自的兴趣，利用网络等方式搜寻与本课内容相关的翻译材料，同学间相互交流，互查作业完成情况，写出评语并签名。教师随时抽查学生的作业完成情况，指导学生认真选材，积极进行课后的翻译实践。同时，教学活动结束后对学生的自主性、课余活动及学习情况进行专项调查。

网络技术为学生的自主学习、个性化学习提供了极为有利的环境和条件，首先，在强调学生作为学习主体的理念和形式下，我们应如何充分发挥教师在网络环境下的教学主导作用，教师应如何充分利用网络、校园内外的资源，调动学生的学习积极性，引导学生有效地获取知识和技能已成为网络技术和学科课程结合的一个重要内容。其次，学习者语料库研究只能描述学习者的语言输出能力，不能深入考查学习者的语言接受能力。最后，尽管学习者语料库为语言习得研究提供了大量、丰富的证据，但它仅适合于研究语料库中所出现的项目，而对于语料库中未出现的项目却无能为力。对于这类语言项目习得情况的研究，实验法显得更为有效。因此，对于学习者语言研究来说，最恰当的方法是将语料库分析和实验方法有机地结合起来。

基于互联网的多媒体网络技术和中医英译教学的有机结合不但有利于给已有一定英语基础和医学基础的大三学生提供宽广的、有弹性的且极具创意的学习空间，而且有利于促进教学内容、教学方法、教学模式的转变和教学质量的提高。在教学中，教师应针对中医英译英语教学特点，充分利用多媒体网络技术，开拓创新，努力探索符合学生认知规律的有效教学模式和教学方法，同时在坚持以学生为中心的基础上充分发挥教师组织者、协调者和引导者的作用。

---

[a] 张全.全球化语境下的跨文化翻译研究[M].昆明：云南大学出版社，2010.

参考文献

[1] 邓俊叶，王琳.基于语块理论的大学英语翻译教学模式的构建[J].常州信息职业技术学院学报，2017，16（1）：53-56.

[2] 刘晓萌.生态翻译学视域下的大学英语翻译教学研究[J].西部素质教育，2017，3（10）：103-104.

[3] 陈梅霞.基于建构主义理论的翻译教学模式改革与实践[J].海外英语，2015，31（23）：93-95.

[4]Austermül Frank.应用型翻译人才的电子工具[M].北京：外语教学与研究出版社，2006.

[5] 刘晓民，刘金龙.大学英语翻译教学：问题与对策[J].山东外语教学，2013，34（5）：69-73.

[6] 肖丽.母语负迁移在英语翻译教育实践中存在的现象及解决策略[J].内蒙古师范大学学报（教育科学版），2016，29（9）：130-132.

[7] 肖乐.试论旅游英语翻译中的创造性[J].外国语文（四川外语学院学报），2011，27（4）：93-97.

[8] 高梅.项目课程模式下商务英语翻译教学改革[J].价值工程，2016，35（31）：144-146.

[9] 周妮.中国茶文化对外传播中英语翻译策略探析[J].福建茶叶，2017，39（5）：295-296.

[10] 陶冉冉 大学英语翻译教学存在的问题及对策[J].吕梁教育学院学报，2016，33（3）：67-68.

[11] 李亚蕾."互联网+"背景下大学英语翻译教学模式的创新路径[J].湖北函授大学学报，2018，31（8）：163-164.

[12] 曹野."互联网+"背景下医学英语评注式翻译教学模式的构建[J].中国医学教育技术，2018，32（1）：66-69.

[13] 黄旦华. "互联网+"背景下大学英语翻译教学模式创新研究 [J]. 教育理论与实践，2017，37（15）：53-54.

[14] 杜开群. 关于高校英语语言学教学问题及对策分析 [J]. 山东农业工程学院学报，2017，34（2）：5-6.

[15] 郑雨. 高校英语教学中模糊语言学的语用意义分析 [J]. 西部素质教育，2015，1（6）：46.

[16] 朱先明，王彬. 体育新闻标题翻译中的译者主体性探析：以隐喻翻译为中心的考察 [J]. 淮北师范大学学报（哲学社会科学版），2016，37（5）：79-82.

[17] 杨飞. "ESP"理论视角下的大型国际赛事体育英语翻译现状分析 [J]. 成都体育学院学报，2015，41（3）：64-67.

[18] 李淑康，李克. 英语体育新闻语篇翻译的转喻现象探析 [J]. 厦门理工学院学报，2011，19（4）：94-98.

[19] 刘建芳. 浅谈中西文化差异对英语翻译的影响 [J]. 开封教育学院学报，2004，24（1）：58-60.

[20] 刘静. 浅析中西方文化差异对翻译的影响 [J]. 长江大学学报（社会科学版），2012，35（6）：105-106.

[21] 赵桂华. 翻译理论与技巧 [M]. 哈尔滨：哈尔滨工业大学出版社，2002.

[22] 庄绎传. 英汉翻译简明教程 [M]. 北京：外语教学与研究出版社，2002.

[23] 冯伟年. 最新汉英翻译实例评析 [M]. 西安：世界图书出版西安公司，2005.

[24] 陈雪松，李艳梅，刘清明. 英语文学翻译教学与文化差异处理研究 [M]. 西安：西安交通大学出版社，2017.

[25] 冯庆华. 文体翻译论 [M]. 上海：上海外语教育出版社，2002.

[26] 曹顺庆. 中国古代文论话语 [M]. 成都：巴蜀书社，2001.

[27] 汪榕培，卢晓娟. 英语词汇学与教程 [M]. 上海：上海外语教育出版社，2001.

[28] 平洪，张国扬. 英语习语与英美文化 [M]. 北京：外语教学与研究出版社，2000.

[29] 王令申. 英汉翻译技巧 [M]. 上海：上海交通大学出版社，1998.

[30] 陈文伯. 英语成语与汉语成语 [M]. 北京：外语教学与研究出版社，1982.

[31] 於奇. 世界习语文化研究 [M]. 郑州：大象出版社，2003.

[32] 冯庆华. 实用翻译教程 [M]. 上海：上海外语教育出版社，1997.

[33] 朱竹芳. 陶瓷英语基础教程 [M]. 北京：高等教育出版社，2013.

[34] 廖国强. 英汉互译理论、技巧和实践 [M]. 北京：国防工业出版社，2006.

[35] 程晓堂.英语学习策略：从理论到实践[M].北京：外语教学与研究出版社，2002.

[36] 吕敏敏.古诗英译中语法隐喻现象对比研究[D].江西师范大学，2015.

[37] 戴冬苗.翻译补偿视角下的查良铮诗歌翻译研究[D].广东财经大学，2014.

[38] 郭建军.英语格律诗的节奏汉译研究[D].西北师范大学，2013.

[39] 宫萍.关于汉英诗歌艺术构思相似性的个案研究[D].吉林大学，2012.

[40] 刘金梅.翻译美学视域中许渊冲的中国古典诗词英译研究[D].广西师范大学，2011.